JN050112

島後へ

町観光協会 ℹ
P.126

ビーチ
P.81

フェリー乗り場

浦中心部 P.90

宇受賀命神社
P.36、93

中ノ島

諏訪湾

菱浦港

317

金光寺山

海士町役場

隠岐神社
P.35、92

中里中心部 P.91

317

海士町

317

奈須神社（成長する石神）P.94

318

三穂神社
P.37、94

木路ケ崎

木路ケ埼灯台
P.94

中ノ島（海士町）全図 P.90

水 P.100

社（一宮神社）

大波加島

N

0　　　　　　2km

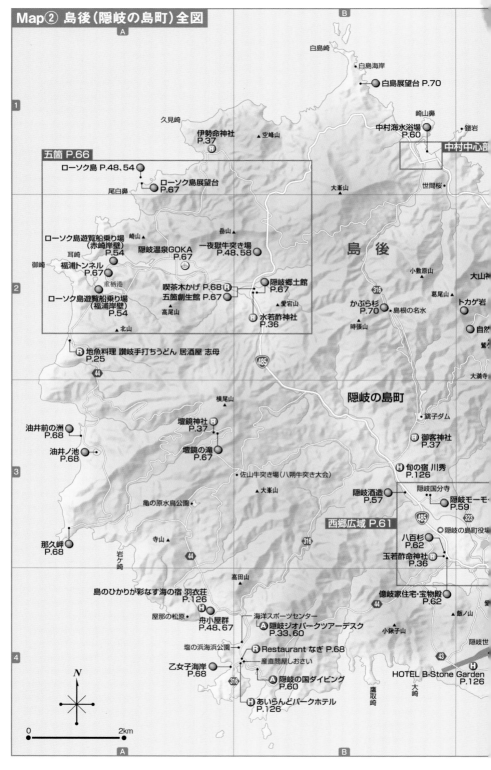

Map② 島後（隠岐の島町）全図

白島崎

白島海岸

白島展望台 P.70

久見崎

崎山鼻

中村海水浴場 P.60

鎧岩

伊勢命神社 P.37

空峰山

中村中心部

五箇 P.66

ローソク島 P.48、54

大峯山

世間桜

ローソク島展望台 P.67

尾白鼻

島　後

ローソク島遊覧船乗り場（赤崎岸壁） P.54

崎山

岳山

小敷原山

大山神

耳崎

隠岐温泉GOKA P.67

一夜嶽牛突き場 P.48、58

トカゲ岩

御崎

福浦トンネル P.67

隠岐郷土館 P.67

かぶら杉 P.70

島根の名水

重栖港

喫茶木かげ P.68

自然

ローソク島遊覧船乗り場（福浦岸壁） P.54

五箇創生館 P.67

愛宕山

鷲ケ

高尾山

水若酢神社 P.36

時張山

北山

地魚料理 讃岐手打ちうどん 居酒屋 志母 P.25

大満寺

44

485

隠岐の島町

横尾山

銚子ダム

油井前の洲 P.68

壇鏡神社 P.37

御客神社 P.37

油井ノ池 P.68

壇鏡の滝 P.67

旬の宿 川秀 P.126

隠岐国分寺

隠岐酒造 P.57

隠岐モーモー P.59

佐山牛突き場（八朔牛突き大会）

那久岬 P.68

大峯山

西郷広域 P.61

八百杉 P.62

隠岐の島町役場

亀の原水鳥公園

寺山

316

玉若酢命神社 P.36

岩ケ崎

高田山

島のひかりが彩なす 海の宿 羽衣荘 P.126

億岐家住宅・宝物殿 P.62

飯ノ山

屋那の松原

舟小屋群 P.48、67

海洋スポーツセンター

隠岐ジオパークツアーデスク P.33、60

小鉢子山

隠岐世

塩の浜海浜公園

Restaurant なぎ P.68

43

N

乙女子海岸 P.68

産直問屋しおさい

隠岐の国ダイビング P.60

HOTEL B-Stone Garden P.126

大崎

316

あいらんどパークホテル P.126

鷹取崎

0　　　　2km

地球の記憶を今に伝える

悠久の島

隠 岐

OKI

隠岐へようこそ！

隠岐で暮らし、島を愛する皆さんが、
隠岐の魅力や楽しみ方を教えてくれました♪

Welcome

都万の海岸線から眺める
夕日は最高です。
のんびりと過ごして！

突き牛
見に来てください

おにぎりや
パンもあるよ♪

近海でとれた
新鮮な海の幸は
島旅の醍醐味！
ぜひ味わって
くださいね

各集落にある神社は
地域住民の心のよりどころ。
ご参拝してはいかがが？

西ノ島町
P.88
ドンキー
坂 敦子さん

焼火神社へは
歩きやすい靴で

私のお気に入りは
海士町の図書館。
田んぼの中にあって
落ち着けますよ

ウチの店でも
本を借りられます！

西ノ島町
P.35,85
焼火神社
松浦道仁さん

突き牛飼い
隠岐の島町
P.55
佐竹良二さん

名物さざえ最中を
食べに来てね！

ローソク島や乳房杉など
島後には絶景が
いっぱいあるんですよ！

秀月堂・月あかりカフェ
隠岐の島町
P.38,64
黒川由希恵さん（右）
岡田美代子さん（左）

知夫村は集落散歩も楽しい！
暮らしの営みが見られます

魚介みやげは
お任せあれ

島いちばんの祭事、
御霊会風流を
ぜひ体験を！

海士町
P.95
きくらげちゃかぽん
Motekoiyo
五十島美香さん

隠岐の島町
P.65
フィッシャーマンズ・ワーフ隠岐
山本 凌さん

知夫村
P.80
MY 知夫七味体験
吾郷真季子さん

2

私は下戸ですが
お酒もおいしいですよ

かっぱ遊覧船船頭
隠岐の島町 P.52
原田茉由子さん

コンセーユも
よろしくね

各宿が腕を振るう
島料理を食べ逃しなく。
大満足間違いなし！

コンセーユ・みつけ島荘
西ノ島町 P.87,89
小西昭枝さん

旅は自由気ままに！
おもしろい出合いが
きっと待ってます

店舗があるよ
家具屋さんの中に

SLOBODA CF
隠岐の島町 P.27
石川洋貴さん

歴史ある西郷の町。
お散歩すると
いろいろな
発見がありますよ〜

赤尾・鬼舞の
牛のお昼寝姿は
島ならではの風景です！

あまマーレに行けば
掘り出し物の古道具が
見つかるかも！

一組限定の
やってます
宿も

お店の家具も
調達しました

TAKUHI.
cafe&lifestyle
西ノ島町 P.27
小松倫世さん

島の人って
みんな優しいよ〜。
困ったことがあったら
声をかけてね！

カステラパン
召し上がれ

木村屋
隠岐の島町 P.64
西尾文成さん

島のほけんしつ
『蔵 kura』
海士町 P.93,102
島根輝美さん

島根のすてきな雑貨
用意しています

島後の油井は
八朔の産地。
ウチで八朔の
クラフトビールも
飲めます

京見屋分店
隠岐の島町 P.64
谷田晃さん（右）
谷田一子さん（左）

日本海に浮かぶ小さな島々がもつ物語を、ひもときに

島旅×ジブン時間

目を見はる断崖絶壁や奇岩、数百年もの間、大地を見守ってきた巨木。
その大地で人々が紡いだ物語に出合う旅が始まる。

島後を代表する絶景、ローソク島。自然条件が重なると、見事に夕日のローソクがともる

1

島旅×ジブン時間

自然が造り上げた、驚異の景観

垂直に切り立つ 257m もの高さの断崖絶壁、岸壁をはい上がるトカゲ岩。
自然が造り上げた、壮大な芸術に触れに行く。

2

3

5

4

6

1. 海に大きくせり出した巨大な岩のアーチ、通天橋
2. 西ノ島町西部に位置する国賀海岸は絶景の宝庫
3. 隠岐の島町の白島海岸付近には白色の流紋岩が見られる
4. 隠岐の島町中部にある岩をはい上がる体長 26m の "トカゲ"
5. ローソク島近くには浸食で生まれた奇岩が点在する
6. 海士町明屋海岸にあるハート岩。恋が成就するかも

上／摩天崖の近くにも奇岩が点在。その神々しい風景から「天上界」と呼ばれる
下／600万年前の噴火の様子を全身で感じることのできる赤壁。一見の価値あり

1

島旅×ジブン時間

1万年分の進化を語る島の生命

隠岐が島根半島と海を隔てるようになって約1万年。
日本海に浮かぶ孤島は、今まさに独自の進化を遂げる過程にある。

2

4

5

6

7

3

1. 原生林が生い茂る自然回帰の森で隠岐の自然の神秘を学ぶ
2. 西ノ島には放牧された馬が約50頭。風になびくたてがみが美しい
3. 海岸沿いの木立。青い海とのコントラストが美しい
4. 固有種のオキタンポポは総苞が反り返っていないのが特徴だ
5. 日本で最も低地に自生するオキシャクナゲ。5月初旬が見頃だ
6. 樹高約40mのかぶら杉。根元から分かれた枝が見事だ
7. 摩天崖の上でのんびり草を食む馬たち

赤ハゲ山山頂に連なる丘陵。丘陵に残る石垣（名垣）は
四圃式牧畑の痕跡だ

1

島旅×ジブン時間

受け継がれる文化と新たなカルチャーが混じり合う島

100以上の神社が残る隠岐諸島。深い信仰に守られた島には、
数々の神事が残る一方、新たなカルチャーが島に息を吹き込む。

2

3

4

5

6

7

1. 水若酢神社。遷宮の際に隠岐古典相撲が行われる
2. 海士町のホテル「Entô」から湾を行く船を望む
3. 岩に飲み込まれたような本殿が印象的な焼火神社
4. 島後の西郷には本格的なコーヒーが味わえるカフェも
5. 海士町のキンニャモニャ踊り。しゃもじを持って陽気に踊る
6. 島の素材を使って、マイ七味作り（知夫里島）
7. 1200年もの間、大切に受け継がれてきた隠岐国分寺蓮華会舞

上／隠岐に配流された後鳥羽天皇を慰めるために始まった牛突き。現在も島後で見られる
左下／海に囲まれた隠岐で新鮮な魚介類を満喫して
右下／島で初めての自家焙煎施設をもつ喫茶店。島に新たなコーヒー文化をもたらした

地球の歩き方
島旅 09

隠　岐　3訂版
c o n t e n t s

Recommended Routes
隠岐の巡り方　39

How to Enjoy
隠岐の遊び方　47

本 書 の 見 方

使用しているマーク一覧

🚌 交通アクセス	🈹 定休日	📷 観る・遊ぶ
🚏 バス停	🈺 料金	🍽 食べる・飲む
🏠 住所	客室数 客室数	🍴 買う
☎ 電話番号	カード クレジットカード	🏨 泊まる
FAX FAX 番号	🅿 駐車場	voice 編集部のひと言
📧 問い合わせ先	URL ウェブサイト	✉ 旅人の投稿
🕐 営業・開館時間	ⓘ インスタグラム	
所要 所要時間	予約 予約の要不要	

MAP のマーク

🔴 観る・遊ぶ	卍 寺院
🅡 食事処	🇭 神社
🆂 みやげ物店	♨ 温泉
🇭 宿泊施設	ⓘ 観光案内所
🅐 アクティビティ会社	⊗ 学校

※新型コロナウイルス感染拡大の影響で、営業・開館時間や定休日が変更になる可能性があります。お出かけ前に各施設・店舗にご確認ください。
※本書に掲載されている情報は、2023 年 2 月の取材に基づくものです。正確な情報の掲載に努めておりますが、ご旅行の際には必ず現地で最新情報をご確認ください。また弊社では、掲載情報による損失等の責任を負いかねますのでご了承ください。
※商品・サービスなどの価格は原則として 2019 年 10 月からの新税率の税込価格で表示しています。
※宿泊料金は特に表示がない場合、1 室 2 名利用時の 1 名あたりの料金です。また素…素泊まり、朝…朝食付き、朝夕…朝夕食付きを意味します。
※休館日や休業日は年末年始やお盆を省き、基本的に定休日のみ記載しています。

ひと目でわかる隠岐

島根県に属する隠岐諸島は島根半島の北方約50kmに位置する群島だ。
島後水道を境に島前（どうぜん）と島後（どうご）のふたつのエリアに分けられ、
島前は西ノ島、中ノ島、知夫里（ちぶり）島の3島で、
島後は隠岐諸島の主島である島後1島で構成されている。

西ノ島の焼火山を中心とした 島前カルデラを形成する **P.72**

島　前
どう　　ぜん

西ノ島、中ノ島、知夫里島の3島からなる。
焼火山を中心としたカルデラの外輪山が3つの島々となった。

摩天崖 →P.74
まてんがい
（西ノ島／西ノ島町）
高さ257mの
垂直に切り立つ断崖。

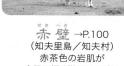

三郎岩 →P.93
さぶろういわ
（中ノ島／海士町）
兄弟のように肩を並べる
3つの岩。

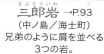

赤壁 →P.100
せきへき
（知夫里島／知夫村）
赤茶色の岩肌が
夕日に輝く様子は圧巻！

△高崎山
西ノ島
三郎岩
明屋海岸
国賀海岸
●摩天崖
西ノ島
中ノ島
319
別府港
菱浦港
金光寺山
通天橋●
315
海士町役場
△
485
隠岐神社
317
西ノ島町役場
海士町
浦郷港
△焼火山
317
320
318
鬼舞展望所●
知夫里島
322
来居港
赤ハゲ山△ 知夫村
赤壁● ●知夫村役場
△高平山
神島

白島展望台
鎧岩
ローソク島
島後
五箇
浄土ヶ浦海岸
中村・布施
水若酢神社
かぶら杉
岩倉の乳房杉
隠岐の島町
大満寺山▲▲マドスギ
銚子ダム
壇鏡の滝
西郷
都万
玉若酢命神社・八百杉
那久岬
舟小屋群
隠岐の島町役場
西郷港
隠岐世界ジオパーク空港
N
0 2km
西郷岬灯台

隠岐への行き方・詳しくはP.122

飛行機

出雲空港から隠岐の島町の隠岐世界ジオパーク空港まで約30分。伊丹空港からは約50分。

フェリー

島根県の七類港、鳥取県の境港から約2時間30分。島前経由と島後経由の便がある。

高速船

高速船レインボージェットが運航。七類・境港から約1時間。

面積は島前3島の2倍以上！
隠岐諸島最大の島 **P.50**

島 後

島後の中心部は500m級の山々が連なり、島の海岸沿いを中心に見どころが点在する。

壇鏡の滝 →P.67
屏風のようにそそり立つ崖から注ぎ落ちる神聖な滝。

岩倉の乳房杉 →P.70
樹齢約800年になる神秘的な巨大杉。

ローソク島 →P.54
夕日が奇岩に重なるとローソクがともったように。

気になる

ベーシックインフォメーションQ&A

Q 何日あれば満喫できる？

A 最低1泊から

隠岐の島町（島後）にある「隠岐世界ジオパーク空港」まで出雲空港、伊丹空港から飛行機が利用できる。高速船などと組み合わせれば1泊2日も可能だが、4島すべてを訪れるなら最短でも2泊3日は欲しい。

Q 予算はどれくらい必要？

A 1泊2日で3万円〜

宿泊先や食事、出発地点によって異なるが、空路なら出雲空港から片道1万5250円〜、伊丹空港から2万7890円〜、高速船で七類港から隠岐へ片道6680円、フェリーの2等で3510円。宿泊は民宿で2食付きで8000円〜が目安だ。

Q ベストシーズンはいつ？

A 天気がよいのは7〜8月

青空が広がるのはやはり夏。7〜8月ならば島らしい景色が楽しめる。新緑が楽しめる5〜6月も美しい季節。秋になると曇りや雨の日が多くなるが、霧に煙る景色も幻想的だ。冬場は冷え込むが、積雪はそう多くない。

隠岐の島ごよみ

平均気温 & 降水量

※参考資料　気象庁ホームページ
www.jma.go.jp/jma/
※気象庁島根地方気象台西郷測候所における
　1991 〜 2020 年の平均値
※日の出・日の入りは各月の 1 日を基準とする

	1月	2月	3月	4月	5月

隠岐（西郷）　平均気温（℃）　　東京 ------ 平均気温（℃）
　　　　　　　最高気温（℃）　　　　　　　　降水量（mm）
　　　　　　　最低気温（℃）
　　　　　　　降水量（mm）

平均気温の値：8.1 / 8.6 / 11.7 / 16.7 / 21.1
最高気温の値：4.5 / 4.6 / 7.3 / 12.0 / 16.7
最低気温の値：1.2 / 0.8 / 2.7 / 7.1 / 12.1
降水量の値：158.3 / 111.9 / 125.0 / 123.5 / 134.1

日の出 / 日の入り	7:18 / 17:03	7:08 / 17:33	6:37 / 18:01	5:53 / 18:29	5:14 / 18:54

シーズンガイド

オフシーズン

冬　12〜2月
降雪は少ないが、強い風が吹き天候は安定しない。海が荒れることが多くフェリーが欠航になることがある。

春　3〜5月
3 月に入ると日が長くなり、春の陽気が感じられるようになる。冷たい風が吹くので 4 月いっぱいは防寒具を用意して。

お祭り・イベント
※詳しくは P.108 へ

今津のとんど
正月飾りをご神木に見立てたやぐらとともに燃やし無病息災を願う祭り。隠岐の島町で行われる。

野だいこん祭り　知夫村
野だいこんの咲く季節に来居港で行われるイベント。

隠岐国分寺蓮華会舞
隠岐国分寺に伝わる伝統芸能。毎年 4 月 21 日に開催される。

見どころ・旬のネタ
※詳しくは P.121 へ

🌼 オキタンポポ

🐟 寒シマメ（スルメイカ）

🌸 オキシャクナゲ

🐟 岩ガキ

🐚 サザエ

🐟 アゴ（トビウオ）

🦀 隠岐松葉ガニ

観光やマリンアクティビティを満喫したいなら、
太陽が輝き海の安定する 4 〜 11 月がベスト。
神社巡りや海の幸を満喫するなら、人が少なくなる秋口もオススメだ。
冬場の寒さは厳しいけれど、対馬海流の影響で降雪は比較的少ない。

	6月	7月	8月	9月	10月	11月	12月

（mm）・ 450

・ 300

・ 150

・ 0

6月	7月	8月	9月	10月	11月	12月
24.3	27.9	29.9	26.1	21.3	16.1	10.8
21.1	24.6	26.1	22.2	16.9	11.9	7.1
16.9	21.8	23.0	18.7	12.7	7.8	3.4
165.7	203.9	154.8	243.9	121.6	123.0	159.8

4:51 / 19:19	4:53 / 19:28	5:13 / 19:12	5:38 / 18:35	6:01 / 17:51	6:29 / 17:11	6:59 / 16:52

ベストシーズン　　　　　　　　　　　　　　　　　　　　　　　　　　　　オフシーズン

夏 6〜8月
梅雨明けは7月中旬頃！
梅雨が開けると島は一気に夏ムード。海が青さを増し、海水浴シーズンとなる。各地で夏祭りも開催される。

秋 9〜11月
9月後半になると長袖の羽織りものが欲しくなる。10月に入ると曇り空の日が多くなる。公共交通機関が減るので注意して。

隠岐のとっておき！

玉若酢命神社　御霊会風流
玉若酢命神社で催される神事。神々が神馬に乗って境内を駆け上がる。

一夜嶽牛突き大会
島後の五箇地区の一夜嶽神社の奉納行事として行われる牛突き。

シャーラ船送り
西ノ島町の美田・浦郷地区に残る、送り盆の行事のひとつ。毎年8月中旬の早朝に行われる。

牛突き夏場所大会
年3回行われる牛突き本場所のうちの最初の1回。

🦑 海水浴のシーズン

🐟 アオリイカ

🌼 オキノアブラギク

🐟 寒シマメ（スルメイカ）

🐟 アオリイカ

🐟 サザエ

🐚 隠岐松葉ガニ

神に守られた自然と伝統の残る島々

隠岐をもっとよく知る Keyword

島根半島の沖約50kmに位置する島々。
大小180を超える島からなり、そのなかで有人島は4つ。
大陸と切り離されて久しい島には、独自の自然と伝説が今も残る。

ジオパーク
Geopark

ユネスコ世界ジオパークに認定
ジオパークとは、地球（ジオ）を学び、まるごと楽しむことができる場所のこと。隠岐は「ユネスコ世界ジオパーク」に認定されている。→P.28

600万年前に形成された巨大なカルデラ
島前の西ノ島、中ノ島（海士町）、知夫里島の3島は、現在の西ノ島の焼火山を火口とする巨大なカルデラの外輪山。知夫里島の赤ハゲ山展望台からその景色を一望することができる。

島前カルデラ
Caldera

牛
Cattle

全国を代表するブランド牛を飼育
いたるところに牛が放牧されている隠岐の島。子牛は競りにかけられ松阪牛や神戸牛になる。「隠岐牛」と呼ばれる牛は海士町の潮風ファームのブランド牛だ。

キンニャモニャ
Kinnyamonya

海士町で親しまれている民謡
海士町発祥の民謡。ルーツは、日本各地から北前船で伝わったという説や、キンニャモニャ爺さんが歌ったという説などさまざま。祭りでは、しゃもじを持ってみんなで陽気に踊る。

81日間の自治政府
慶応4（1868）年3月19日、島民たちが松江藩の郡代を退去させ、81日間の自治を行った。日本の離島に自治政府が生まれた貴重な歴史の一幕となった。

隠岐騒動
Oki Sodo

神事や記念行事で行われる "人情相撲"
神社の遷宮や特別な祝い事のときに夜を徹して行われる相撲。勝負は続けて二番とり、1回目に勝った力士が2回目には勝ちを譲る、人情相撲といわれる。→P.113

隠岐古典相撲
Oki Sumo

島前神楽
Douzen Kagura

島前に伝わる神楽
雨乞い、大漁祈願、無病息災を祈って行われる神楽。明治までは神楽専業の家系である社家が担い、全盛期には15以上の社家がいたが、現在は地域住民によって執り行われている。
→ P.113

**150以上の
神社が残る島**
大小合わせて150以上の
神社が残る隠岐。「隠岐造り」と呼ばれる独特の建築様式をもつ。古来より海と密接に関わってきた島らしく、船でしかアプローチできない神社も多い。
→ P.34

神社
Shrine

黒曜石
Volcanic Glass

**石器の材料となる
良質な黒曜石を産出**
中国地方で唯一黒曜石を産出する隠岐。旧石器時代から石器の材料として利用されてきた。隠岐の黒曜石は質がよく、日本各地で発見されており、当時から交易があったことがわかる。

**はるか昔の
姿をとどめた杉**
約2万年前の氷河期、日本固有種でもある杉は絶滅の危機に陥ったが、当時本土と陸続きだった隠岐に避難した杉は、氷河期が終わると、再び日本全国に広がっていった。→ P.30

隠岐杉
Cedar

**800年の
伝統をもつ闘牛**
隠岐に配流された後鳥羽天皇を慰めるため始まった島後の牛突き。年3回行われる牛突き本場所は1時間以上の熱戦になることも。観光牛突きなら気軽に見ることができる。→ P.58

牛突き
Bullfighting

移住者
I-turn

積極的な移住政策
多くの日本の離島と同じく隠岐も過疎化が進んでいる。一方で、移住者に対し積極的な取り組みを行っており、特に海士町を中心に新しいカルチャーが芽生えつつある。

貝
Shellfish

**日本海の豊かな
海の恵み**
栄養分に富み、貝の生育に適した隠岐の島近海。アワビ、サザエ、白バイ貝など、1年を通してさまざまな貝が味わえる。→ P.22

海鮮から クラフトまで！

島みやげ

とっておき

おみやげ いっぱい♪

隠岐では海の幸はもちろん、島生まれの銘酒、オリジナル雑貨までおみやげのバラエティが豊富。自分用に買いたいものもいっぱい！

海に恵まれた島の味覚
絶品 海産物&名産品

ミネラル豊富な海流のおかげで隠岐近海は魚介の宝庫！名産のサザエや牛肉を加工したレトルト食品もオススメ。

560円

3〜4人前 1080円

スルメイカ干物 1100円

イカの干物
隠岐近海で水揚げされたイカを干物にして真空パック。イカの甘味がぎゅっと凝縮！ Ｅ

400円

さざえカレー
海士町みやげのベストセラーがこちら。サザエの肝をすりつぶして作ったサザエバターが味の決め手。 Ｈ

350円

芽かぶ
アルギン酸を豊富に含み、健康にいいと注目されているめかぶ。味付きなので、このままおやつやおつまみにどうぞ。 Ｅ

天然隠岐あらめ（細）
隠岐沿岸でとれるアラメは肉厚で食べ応えたっぷり。ヒジキのように水で戻してから使おう。 Ｅ

隠岐さざえ ごはんの素
隠岐産のサザエを使用したごはんの素。水加減不要で、2合のお米と一緒に炊くだけで絶品の炊き込みごはんの完成。 Ｅ

1080円

隠岐飛魚出汁 ブラックラーメン
海士町のイタリア料理店ラディーチェ監修のイカスミを使ったそばとラーメン。磯の香りを楽しんで。 Ａ

隠岐の恵みがつまった
藻塩米
海藻アラメを田にすき込んで、肥料とした昔ながらの農法を現代版にアレンジして生まれた藻塩米。大地と海のミネラルをたっぷり含んだお米は、粘り、弾力が増してとっても美味！ Ｅ

島の香り
隠岐の藻塩米　470円

おみやげに喜ばれること間違いなし！
はずれなしの スイーツ

おみやげの定番スイーツ。歴史ある銘菓からニューウェイブまで注目商品をご紹介。

1166円

宝隠岐物語
隠岐の名物や景勝地の絵柄が1枚ずつプリントされた素朴な米粉せんべい。隠岐の島町産の米のほか、藻塩や近海でとれたイカを原料としている。 Ｄ

1280円

あましゃもじ
海士町の「キンニャモニャ踊り」で用いるしゃもじをモチーフにしたサブレ。こじょうゆみそ（なめみそ）の風味がポイント。 Ｈ

550円

くろもじ花茶
1年で1週間ほどしか咲かないクロモジの花を手づみ&乾燥させた隠岐のハーブティー。カップにひとつまみ入れ、熱湯を注いで2〜3分待てばいい香り！ Ｇ

550円

あまのーら
海士町産の玄米を使用した、海士町のベイクショップ「アヅマ堂」のグラノーラ。素材本来のうま味が味わえる。 Ｉ

5個入り 850円

さざえ最中
隠岐名産のサザエの形をした最中。中身は藻塩を練り込んだ粒あん。オーブントースターで焼くと外はぱりぱりに。 Ｂ

本物のサザエみたい！

上品な甘さ

流人も愛した
元祖・島スイーツ「白浪」
海士町の定番みやげといえば誰もがその名を挙げる「白浪」。その昔、遠流の身で隠岐へとやってきた貴人たちを慰めようと、もち米と小豆でお菓子を作ったのが始まり。素朴な味わいに永遠のスタンダードたる風格が漂う。 Ｈ

白波に見立てたユニークな形。10本入り1620円

豊かな自然の恵みが凝縮
感動 調味料&お酒

島の食材をふんだんに使った調味料は素材の味を引き立て、料理を何倍にもおいしくしてくれる。地酒とともに味わって。

800円

730円

610円

560円

550円 550円

あごだし みそだしの素
ていねいに下処理したアゴをまるごとすりおろし、アゴの上質な風味が詰まった味噌。液体タイプなので使いやすい。 D

藻塩
隠岐の海水と海藻の成分をたっぷり含んだ藻塩はうま味が凝縮されまろやかな塩気が特徴。おにぎりや天ぷらのつけ塩に。 E

ハーブソルト
牛の畜産を営む農家が作った、牛肉料理を引き立てる隠岐の藻塩入りハーブソルト。 A

460円

塩
日本名水百選の天川の水が注ぐ浄々見湾沖の海水を採取。薪で炊き上げ天日干しで仕上げている。 I

あごだし ぽん酢・醤油
隠岐産のアゴ（トビウオ）を贅沢に使用したポン酢と醤油。お刺身や冷奴にどうぞ。 F

だいだいのジャム
西ノ島産のだいだいをていねいに加工した手作りジャム。自然な甘味にほろ苦さがアクセントに。無添加・無着色。 G

450円

464円

キュート！

集めたい！ **隠岐の名所が描かれたワンカップ** 各242円

隠岐酒造の代表日本酒"隠岐誉"のワンカップ。牛突きや通天橋など隠岐の芸能や名所が描かれたカップがかわいい。フェリー旅のお供にいかが？ B

島の思い出をお持ち帰り
個性派 雑貨

隠岐で見つけたかわいい雑貨&隠岐汽船オリジナルグッズ。

880円

隠岐神社の桜のお箸
隠岐神社周辺に植わる桜の伐採の折に作られた箸。職人の手仕事で素材の風合いを生かしたあたたかみある仕上がり。 J

3520円

各1728円

徳利 8100円

ぐいのみ 5940円

アマイエ石鹸
豊かな海が育てたアカモクの保湿成分を配合した石鹸。添加物不使用で洗い心地も肌に優しい。 J

隠岐窯の焼き物
2005年に海士町で隠岐窯を開いた勇木史記氏の器。隠岐の土から作られた優しい風合い。 C

御朱印帳
島根県安来市で1870年から糸染めを営む紺屋の5代目、青蛙さんの藍染め製品。深い藍の色がおしゃれ。 C

ここで買えます！

隠岐汽船グッズを手に入れよう！
隠岐汽船の歴代船舶がプリントされたタンブラーや手旗信号の一筆箋などはおみやげに人気。 F

手ぬぐい 450円

トートバッグ 2200円

タンブラー 890円

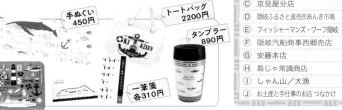

ハンドタオル 700円

一筆箋 各310円

21

隠岐のサザエは
コリコリ！

島グルメ

島のおいしいもの
大集合！

絶対
食べたい

暖流と寒流が交わり、山から栄養豊富な水が流れ込む隠岐近海。豊富なプランクトンや栄養塩に恵まれた漁場でとれた魚介が美味。

隠岐グルメといえばコレ！

名物！
オリジナル
さざえ丼

隠岐のサザエを気軽に味わえる、各店自慢のさざえ丼！食べ比べが楽しい。

さざえ丼
1650円
煮サザエ、サザエの天ぷら、サザエの刺身にアラメを添えた贅沢な丼。刺身で提供できるのは鮮度に自信があるからこそ。
●フィッシャーマンズ・ワーフ隠岐→ P.63

さざえ丼 950円
新鮮なサザエを硬くならないようさっと湯がき、だしで煮て卵とじに。ネギとアラメ（海藻）がアクセント。　●さざえ村→ P.71

スタミナさざえ丼
1020円
島根の郷土料理、魚介版すき焼きの「へか焼き」をヒントに考案。ニンニクの効いた濃いめのたれがポイント。
●ポーレスト→ P.71

さざえ丼
1210円
甘辛く煮た地物のサザエとアラメにメカブと温泉卵をトッピング。アツアツのご飯と一緒にかきこもう。　●コンセーユ→ P.87

海音里のさざえ丼 1100円
さっと火を通した軟らかなサザエを特製だし醤油につけて食す。たっぷりふたつ分のサザエを使用した贅沢な一品。
●ホテル海音里→ P.68

まだまだあるよ！

満足
伝統&
名物グルメ

伝統料理や藻塩米を使用した創作メニューなど隠岐のグルメはまだまだあります！

隠岐御膳
2000円
メインのおかずに季節野菜の総菜や煮物、岩のりで包んだばくだんおにぎりなど隠岐の素材や郷土料理を目と舌で味わえる。
●きくらげちゃかぽん
Motekoiyo → P.95

島じゃ常識
さざえカレー
1200円（数量限定）
海士産のサザエをメインに、地元の野菜と21種類ものスパイスを配合したカレーはうま味たっぷり。
●船渡来流亭→ P.94

そば粉の
風味豊か！

隠岐そば 670円
そば粉100%の味わい深いそばと、魚介だしで風味豊か。
●喫茶木かげ→ P.68

チャンポン 920円
醤油豚骨ベースに野菜と貝類のうま味が効いたスープが絶品。ちゃんぽんは隠岐の隠れたご当地メニュー。
●ポーレスト→ P.71

隠岐そばって？
隠岐そばは冠婚葬祭で食べられる伝統料理。一度にたくさん振る舞うため、一度ゆでたそばを食べる直前にもう一度湯に通して振る舞う。隠岐そばを名乗るには下記4箇条を満たしていることが必須。

一、そば粉十割で打ったものであること
一、焼さばだしを使用したものであること
一、薬味は、岩のり、ネギ、ユズ、いりゴマを基本とする
一、食べるとプツプツ切れるそばであること

海流の恵みに感謝！

新鮮♪ 魚介

四季折々の魚が水揚げされる隠岐。
新鮮な魚介を思う存分味わいたい。

イカが絶品！

味乃蔵丼
1980円
サザエ、イクラ、タイ、イカ、ブリなどそのときの旬の刺身を贅沢に使った海鮮丼。
●味乃蔵→ P.63

カニ刺身
9800円～
冬の味覚といえば隠岐松葉ガニ。栄養豊富な海で育ったカニは鮮度も味も折り紙付き。舟盛りは11月末～2月中旬まで提供。
●フィッシャーマンズ・ワーフ隠岐→ P.63

寒シマメ漬け丼 1078円
寒シマメ（スルメイカ）の身と肝を漬けたものをご飯に乗せた丼。卵、ネギ、ゴマのハーモニーが絶妙。
●船渡来流亭→ P.94

のどぐろの塩焼き
1800円～
高級魚として有名。脂ののったのどぐろはシンプルに塩焼きでいただくのがいちばん！
●鱗→ P.63

イカの丸焼き 時価
マイカをまるごと焼いたもの。肉厚のイカは大根おろしとともに。
●青柳→ P.62

ベコ （アメフラシ） 550円
隠岐では珍味として愛されているベコ（アメフラシ）。酢味噌であえて食べる。お酒のつまみに。
●のみくいはうす DOZI → P.63

バイフライ 1430円
巻き貝のバイ貝をフライに。コリコリとした食感がたまらない！
●のみくいはうす DOZI → P.63

ほっこりなごむ うれしい！ 島スイーツ

旅のひと休みにうれしいカフェ＆スイーツ。

パンケーキW
800円
ふわっふわに焼き上げた手づくりパンケーキに季節のフルーツをトッピング。見た目も華やか！
●民宿・かふぇ春→ P.87

さざえ最中 150円
隠岐名産のサザエをかたどった最中。藻塩つぶあんがたっぷり。
●秀月堂→ P.64

海と山のコラボアイス 藻塩バニラ 330円
島根県で海のない町・飯南町と乳牛のいない町・隠岐の島町がコラボ。藻塩と濃厚バニラが美味。夏季限定。
●秀月堂→ P.64

1

2

3

隠岐の島町

八百杉
やおすぎ

地元で人気の寿司店

　おいしいお寿司が食べたいと思ったら、地元でも絶大な人気を誇る八百杉へ。その日水揚げされた鮮魚を、大将が絶妙な腕前でさばき、珠玉のひと皿へ。お造り盛り合わせは1300円〜、にぎりは1200円〜。良心的な価格に驚きだ。

名店の味を堪能あれ

4

1 特上にぎり3080円に舌鼓　**2** 必ず予約を　**3** カウンターと小上がりがある　**4** 隠岐の味覚をたっぷり召し上がれ

MAP 折り込み③B1　**交** 西郷港から徒歩約5分　**住** 隠岐の島町中町目貫の二、16　**電** (08512)2-0028　**時** 18:00 〜 22:00　**休** 月曜　**駐車場** あり

新鮮な海の幸・山の幸を堪能あれ
島で人気のレストラン

隠岐近海で水揚げされた旬の魚介はもちろん、幻のブランド牛・隠岐牛を味わえる貴重な店もピックアップ。ちょっと奮発してグルメな旅を楽しもう。

知夫村

Chez SAWA
しぇ　さわ

知夫里産魚介と野菜を使った本格フレンチ

　築60年超の古民家を改装したフレンチレストラン。自家農園「いただきファーム」を運営し、洋野菜やハーブも含め、店で使用する野菜のほとんどをまかなっている。昼・夜ともコースのみで、シェフいわく「いちばんいい素材を当日に決める」とのこと。前日までの完全予約制。

島×フレンチの食の競演！

5

1

3

2

4

1 島×古民家×フレンチと特別な時間を楽しめる。ランチ2800円〜、ディナー3800円〜　**2** サザエとパイ 冬野菜を添えて。ミネラル豊富な土壌で育った自家農園の野菜もおいしい　**3** 本日のデザートは自家製クレームブリュレ　**4** 店主の岡田紗和さんとシェフの里野モミィチさん　**5** メインは肉料理。写真は隠岐牛とアワビの赤ワインソース

MAP P.99C3　**交** 来居港から車で約10分　**住** 知夫村2293　**電** 050-8885-0767　**時** 11:30 〜 14:00、18:00 〜 21:30　**休** 不定休　**カード** 可　**駐車場** なし

---

voice Chez SAWA の岡田さんは、野菜農園のほか地鶏・知夫軍鶏（しゃも）の養鶏も手がけている。信州産の高級地鶏・ぎたろう軍鶏を種鶏とし、知夫里島の豊かな自然環境が育んだ知夫軍鶏。機会があればぜひ堪能を。

勇花理
ゆうかり

隠岐の島町

**プライベートブランドの
隠岐黒磯牛をご賞味あれ**

　自慢は、自社ブランドの隠岐黒
磯牛。隠岐の島産の黒毛和牛はき
め細かで、濃厚な味わいが自慢だ。
隠岐黒磯牛上カルビ 2068 円、隠
岐牛ヒレ 5170 円。そのほかホル
モン（丸腸）660 円、大山鶏せせ
り 429 円などメニュー豊富。

濃厚なうま味は
隠岐牛ならでは

MAP P.61B1　**交** 西郷港から車で約
10分　**住** 隠岐の島町城北町243
電 (08512)2-3543　**時** 17:00～22:00
休 なし　**カード** 可　**駐車場** あり

1 うま味を逃さないよう高温でさっと炙るのがコツ
2 席数は多いが、地元でも人気店なので予約を
3 隠岐黒磯牛はここでしか味わえないブランド牛だ

隠岐の島町

地魚料理 讃岐手打ちうどん
居酒屋　志母
じざかなりょうり　さぬきてうちうどん　いざかや　しも

質・量ともに
大満足！

限界集落で営む知る人ぞ知る名店

　本場に引けを取らない絶品の讃岐うどんは、わざわざ
遠方から訪れる価値のある一品。新定番のめかぶ麺お
ろししょうゆうどん 770 円は、めかぶとわかめを練り込
んだ自家製麺を使用。刺身やしゃぶしゃぶ、天ぷらといっ
た地魚の一品料理もおすすめだ。

MAP 折り込み②A2　**交** 西郷港から車で約35
分　**住** 隠岐の島町長尾田1730　**電** (08512)
5-2811　**時** 11:30 ～ 14:00　**休** 月～金曜
駐車場 あり

1 海鮮しゃぶしゃぶ
2 手打ちうどんは必食！
3 幹線道路沿いの看板が
目印。予約がおすすめ

海士町

島生まれ島育ち 隠岐牛店
しまうまれしまそだち おきぎゅうてん

一度は食したい幻の高級牛！

　隠岐の自然環境の中で飼育された希少な黒毛和牛・隠
岐牛の専門店。ランチは隠岐牛の牛丼 880 円、隠岐牛三
品盛りランチ 2000 円、隠岐牛極上ロース焼肉ランチ
3700 円とお値打ち。夜はしゃぶしゃぶ（要予約）などの
メニューがある。

贅沢なランチを
お手頃に！

MAP P.90D1　**交** 菱浦港から
徒歩約3分　**住** 海士町大字福
井1368　**電** (08514)2-1522
時 11:00 ～ 14:00(13:30L.O.)、
17:00 ～ 21:30(20:45L.O.)
休 水曜　**カード** 可(夜のみ)
駐車場 あり
URL https://okigyu.com

1 隠岐牛三品盛りランチはコスパ抜群
2 精肉店も兼ねる。全国発送も可能
3 菱浦港からすぐ。移動の足がない人も
利用しやすい

---

voice 志母の店主・長田輝和さんの前職は神戸と関西国際空港を結ぶジェットフォイルの船長。趣味が高じて讃岐うどんの職人に転身したと
いう経歴の持ち主だ。『美味しんぼ』の 109 巻「日本全県味巡り　島根編」ではご本人が実名で登場している。

100 TARO COFFEE
ひゃくたろう こーひー

芳香が誘う
本格自家焙煎コーヒー店

「島でもおいしいコーヒーを」と東京の名店・カフェバッハで腕を磨いた店主が帰島後にオープン。店内には焙煎機を設え、鮮度の高いコーヒーを味わえる。豆は常時13種〜。毎日具材が変わるホットカップケーキ600円ほか、コーヒーと相性のいい手作りスイーツも人気だ。

1 コーヒーはエチオピアシダモ W700円が一番人気。この日のホットカップケーキの中には隠岐小豆のあんがたっぷり **2** ディスプレイとしても絵になる5kg釜の焙煎機。もちろん稼働している **3** 1杯ずつハンドドリップで提供 **4** カウンター＋テーブル席でゆったり

MAP P.61B2　**交** 西郷港から車で約5分
住 隠岐の島町城北町117　**電** (08512)
2-0239　**時** 10:00〜16:30　**休** 不定休
カード 可　**駐車場** あり

日常をしばし忘れて至福のひとときを
のんびり島カフェ

個性的な店主が出迎える島カフェは、いうなれば旅のオアシス。都会では得がたいゆるりと流れる時間を、おいしい食事やドリンク&スイーツとともに楽しもう。

のらり珈琲
のらりこーひー

牛飼いの店主が営む純喫茶

　祖母が所有していた納屋を店主自らDIYして喫茶店へと改装。都内の老舗喫茶店で働いていた経験を生かし、本格的なコーヒーを提供する。スパイスカレー1100円は約10種のスパイスとじっくり炒めた玉ねぎで煮込まれ、あと引く辛さ。深めに焙煎されたコーヒーともよく合う。土・日曜はモーニングセット700円〜もあり。

1 建物の2階が喫茶フロア。手探りで造ったため完成までに実に4年を要したそう **2** ご夫婦で切り盛り。店主は牛飼いも兼業する **3** コーヒーはネルドリップでじっくり抽出 **4** スパイスカレーはドリンクとセットで1400円

MAP P.99C3　**交** 来居港から車で約10分　**住** 知夫村1300-4　**電** 080-6348-
5448　**時** 金11:30〜16:30、土日8:30〜16:30　**休** 月〜木曜　**駐車場** あり

---

voice カフェの店名の由来はさまざま。100TARO COFFEE はペットの犬の名前から、のらり珈琲はのらりのらりと歩く牛から、そして SLOBODA CF はクロアチア語で「自由」の意といった具合。それぞれに店のストーリーが垣間見えておもしろい。

SLOBODA CF
隠岐の島町
すろぼだ かふぇ

家具店併設のおしゃれカフェ

あずま家具＆サラダ館の一角にあり、こぢんまりとしたスペースながらハンドリップからエスプレッソ、サイフォン式まで多様な味わいを楽しめる。家具店のショールーム的な役割も担い、インテリアには店主のセンスがきらりと光る。

1 風味に優れたスペシャルティコーヒーを味わえる **2** 赤い外壁が目印。隠岐病院の向かいにあり島民の憩いの場にもなっている **3** きびきびとした店主の所作が美しい

MAP P61A1 **交** 西郷港から車で約7分 **住** 隠岐の島町城北町340 **電** (08512)2-3265 **時** 9:30～19:00（日・祝日は10:30～18:00）**休** 月曜 **駐車場** あり

Sailing Coffee
西ノ島町
せいりんぐ こーひー

浦郷の旧道に新たな風を吹き込む

約100年にわたり多様な商売を営んできた物件をコーヒースタンドにリノベ。内と外をつなぐ開放的なファサードが印象的だ。物販コーナーやギャラリーも設え、この店でしか出合えないような新たな隠岐の魅力に触れることができる。コーヒーはペーパーとエスプレッソで。450円～。

1 通りに相対して開かれたカウンター。テイクアウト利用もOK **2** 建物の構造を生かした心地よいリノベ空間 **3** Tシャツやカップなどのオリジナルアイテムも販売

MAP P.82D1 **交** 別府港から車で約10分 **住** 西ノ島町浦郷492 **電** (08514)2-2488 **時** 10:00～17:00（土・日曜～16:00）**休** なし **駐車場** あり **URL** www.sailing-coffee.com **○** sailing_coffee

---

TAKUHI.cafe&lifestyle
西ノ島町
たくひ かふぇ＆らいふすたいる

地元食材を使った体に優しい島ごはん

以前は大山地区の公民館として利用されていた、築約100年の趣を残したカフェ。島の食材が主役の自家製スイーツや島ごはんはどれも手間がかけられ、島に受け継がれた豊かな食文化を感じられる。1日一組限定で宿泊にも対応する。

ヒオウギ貝は9～12月限定

1 歩いてすぐの空き地にヤギを飼っている。店主に尋ねてみよう **2** くろもじ花茶のシフォンケーキ400円 **3** 天然色ひおうぎ貝フライセット1300円。ドリンク＆スイーツとセットになったスイーツセットは1900円とお得

MAP P.82B1 **交** 別府港から車で約8分 **住** 西ノ島町美田1757 **電** (08514)2-2363 **時** 11:30～16:30（L.O.16:00、ランチ～14:00 ※要予約）**休** 土～月曜・祝日 **駐車場** あり **URL** https://takuhi.jp

---

VOICE TAKUHI.cafe&lifestyleの店主・小松さんは4匹のヤギを飼っている。除草作業用にと個人的に飼い始めたが、気づけば大山地区の草むら掃除に引っ張りだこのアイドル的存在に。旅行者も触れ合ってOKだが、「頭突きには注意して」とのこと。

27

土木技術の発達の過程と、火砕流の内部を
見学できる福浦トンネル。→ P.67

特異な自然に生きる動植物と人の歴史の物語
隠岐ユネスコ世界
ジオパークで遊ぼう!

"大地の公園" を意味するジオパーク。
何億年も続く「大地の成り立ち」と、その大地の上で育まれる「生態系」、
そしてそこで受け継がれてきた「人の営み」が密接に絡み合い、
ひとつの物語を作り上げている。

ジオパークってなに?

　　　　　　　　　　ジオパークとはジオ（geo ＝地
球、大地）とパーク（park ＝公園）を合わせた造語。
地質的に重要というだけでなく、動植物の生態系や、
そこで暮らす人々の歴史や文化などが密接に関わり
合う場所が認定される。ジオパーク自体の歴史は比
較的新しく、2004 年にユネスコの支援によって世界
ジオパークネットワーク（GGN）が設立したことに始ま
る。日本では 2008 年に日本ジオパーク委員会（JGN）
が設立され、現在 46 の地域がジオパークに認定。
世界を目指す地域が国の推薦を受けてユネスコに加
盟申請を提出し、そのなかでさらに高い基準を満たし
たものがユネスコ世界ジオパークに認定される。隠
岐は 2013 年 9 月に世界ジオパークに加わった。

1. 大地の成り立ち

奇岩や断崖など特徴的な景観がどのように
してできたのか、岩石や地層を調べること
によって何億年も続いた大地の成り立ちを
知ろう。

2. 独自の生態系

大地の変化とともに育まれた
不思議な生態系を知ることに
よって、生物の進化を学ぼう。
隠岐が孤島になってからの 1
万年分の進化が読みとれる。

3. 人の営み

隠岐ならではの地形や自然条
件が文化形成に与えた影響も
重要。島の歴史を学び、今に
残る風習にその一端を感じよう。

ジオパークに認定されるには?

世界ジオパークは、世界を目指す地域が国の推薦を受けて
ユネスコに加盟申請を提出し、書類審査および現地審査な
どを経て認定が決定する。厳しい審査を経て選ばれるのが
世界ジオパークなのだ。

voice 2023 年 4月現在日本には 46 の日本ジオパークがあり、そのうち 9 つが世界ジオパークに認定されている。隠岐のほかに世界ジオパークに認
定されているのは、洞爺湖有珠山、糸魚川、山陰海岸、室戸、島原半島、阿蘇地域、アポイ岳、伊豆半島だ。

ジオパークを楽しむコツ 1 大地の成り立ちを知る

西ノ島町の摩天崖や、隠岐の島町のローソク島、知夫村の赤壁など、
ダイナミックな地形が魅力の隠岐。偶然が生み出した絶景の成り立ちを知ろう。

ユーラシア大陸から火山島、そして離島へ

隠岐諸島が注目されるのは、時代によってその姿がダイナミックに変わってきたからだ。長い間、ユーラシア大陸と一体だった隠岐は、2600万年前頃、徐々に大陸から分離され、大陸と日本列島の間に日本海が誕生。約1000万年前まで隠岐の大部分は海底にあったと考えられている。長い間海底にあった隠岐は、600万年前の火山活動によって隆起し、陸地になった。その後氷河期の海面低下と温暖期による海面上昇で、隠岐は何度も島根半島と陸続きになったり離れたりを繰り返す。隠岐が現在の姿になったのは、約1万年前のことだ。隠岐が世界的に見ても不思議な生態系をもっている要因のひとつとして、島根半島と陸続きになったり、離島となったりを繰り返した地史が関係していると考えられている。

隠岐の地形コレクション

摩天崖 → P.74

西ノ島町の西海岸に位置する海抜257mの大絶壁。海食作用でできた崖では日本有数の高さとなる。

通天橋 → P.84

摩天崖の下にある巨大なアーチ。海にせり出した岩が浸食で削られたもの。

赤壁 → P.100

知夫村きっての景勝地。鉄分を含んだ玄武岩や凝灰岩が鮮やかな模様を描く大岩壁。

ローソク島 → P.54

隠岐の島町北西部の海上に浮かぶ島。長い歳月を経て浸食が巨大なローソクを造った。

トカゲ岩 → P.71

隠岐の島町北東部。まるで巨大なトカゲが崖をはい上がっているような全長26mの奇岩。

白島海岸 → P.70

隠岐の島町の真北の岬。粗面岩という珍しい岩が見られる。断崖にはいくつもの海食洞がある。

地形の変化

2億5000万年前〜2600万年前

隠岐は大陸の一部だった

かつてはユーラシア大陸の一部だった隠岐と日本列島。2600万年前に始まった地溝帯運動によって、日本列島とともに大陸から分離した。

隠岐の島

2600万年前〜600万年前

日本海の誕生

日本列島が大陸から離れるにつれ、その間には巨大な湖が誕生。この時代、隠岐は湖の底にあった。さらに離れると、湖はやがて海へと変貌を遂げる。

600万年前〜7万年前

隆起と火山活動で火山島へ

海の底に沈んでいた隠岐は、地殻変動により徐々に隆起する。そして600万年前の大規模な火山活動により、島前と島後の島が形成された。

7万年前〜現在

半島から孤島へ

2万年前の氷河期時代に入ると海面の低下によって、島根半島と陸続きになるが、その後の温暖化で海面上昇。再び離島になった。

石が語る隠岐の歴史

隠岐の大地の変化を知るのに重要な役割を果たすのが石の存在。隠岐でいちばん古い石が「隠岐片麻岩」だ。これは大陸の地下で高い温度と圧力を受けてできる石。隠岐がかつて大陸の一部だったことを教えてくれる。また、2013年には全長7mもあるワニの骨の一部が見つかり、日本海はかつて海ではなく湖であったことがわかった。

ほかでは見られない岩石が隠岐で見られる

VOICE ✓ ジオパークは4年に1度、現地審査を含む再認定審査があり、その審査結果によっては加盟取り消しとなる場合がある。そのため、認定された地域には、その地質や生態、文化や歴史の重要性を認識し、保護、啓発していく機関や人々の意識が重要だ。

29

独自の生態系を学ぶ

約1万年前に離島となった隠岐。北方系と南方系の植物、大陸性と高山性、
そして氷河期のものまでが共存する、多様な生態系の謎に迫る。

固有の生物が多く生息する隠岐

　隠岐には隠岐でしか見られないオキサンショウウオ、オキタンポポなどの固有の生物が20種ほど生息する。しかし、それはまったく目新しいものではなく、本土で見られるものと寸分の差があるだけ。隠岐が半島から切り離され、今のような島になったのは1万年前。つまり隠岐の動植物は"1万年分の進化"を遂げたもの。隠岐の動植物を研究することで、動植物がどれだけの時間でどれだけ進化するかを知ることができるのだ。

絶対見たい！ 島後の四大杉

岩倉の乳房杉
→ P.70

樹齢 約800年といわれる巨大杉。大小24個の根や枝が生えている。

八百杉
→ P.62

玉若酢命神社境内にある国指定天然記念物。樹高 38m、樹齢 約2000年とされる。

かぶら杉
→ P.70

根元付近から6本の幹に分かれる巨木。樹高約38m、樹齢約600年。

マドスギ

大満寺山の登山道にある樹齢不明の巨木。中央部にある窓のような空間から命名。

氷河期の杉の移動

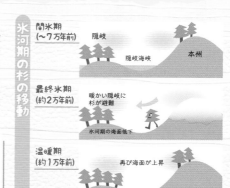

間氷期（～7万年前）　隠岐　隠岐海峡　本州

最終氷期（約2万年前）　暖かい隠岐に杉が避難　氷河期の海面低下

温暖期（約1万年前）　再び海面が上昇

杉の逃避地であった隠岐

　最近の研究で、氷河期時代、隠岐はさまざまな植物の"逃避地"であったことが判明しつつある。当時、海水面が下がり陸続きとなった隠岐に本州の杉が寒さから避難。隠岐で生き延び、約1万年前の温暖期に海面が上昇し、隠岐にとどまった。ほかにも亜高山帯の植物など、いくつかの植物が同じように隠岐に避難してきたと考えられている。

voice　離島という環境と海洋生物や漁業などの人の営みも重要。陸域だけではなく海岸から1kmの海域もあわせた673.5km²（陸域 346.0km²、海域 327.5km²）が隠岐ユネスコ世界ジオパークの登録範囲となっている。ジオパークは地球の過去を知り、未来を考えて活動するエリアだ。

南国と北国の
植物が同居!?
隠岐の不思議な植物分布

対馬海流が育む多様な植生

　隠岐の島町（島後）にはさまざまな地域の植物が同居している。海岸線にはヤブツバキ、タブノキ、スダジイなどの照葉樹林が分布する一方で、山地、亜高山帯に生育するミズナラ、イワカガミ、クロベなども共存。また山地が連なる島の中央部の尾根筋にかけても同じような分布があるから興味深い。そのほか、南方系のナゴラン、キエビネ、大陸系のダルマギクも見られる。要因として、対馬海流の影響が挙げられる。対馬海流の影響により冬は温暖で、夏場は本土の内陸部より涼しくなる。そのため、かつて陸続きだった時代に隠岐にやってきた冷温帯、亜寒帯の植物が生き残れたのだといわれている。

大満寺山周辺でさまざまな植物が観測できる。トレッキングルートもあるので歩いてみては

日本近海の海流

リマン海流

親潮
（千島海流）

対馬海流

黒潮（日本海流）

隠岐の固有の生物　★ 隠岐には、地球上でここにしかいない固有の生物が豊富 ★

ガクの形が
違うよ

オキタンポポ
キク科
花 期：3 〜 5 月
セイヨウタンポポと違い、花の下にある総苞が反り返らずぴったり花にくっついている。

オキシャクナゲ
ツツジ科
花 期：4 月末〜 5 月
大満寺山一帯を中心とした稜線や谷沿いの岩石地などに多く生育。ホンシャクナゲに比較して葉が小さい。

オキノアブラギク
キク科
花 期：10 〜 12 月
海岸の崖地に生育する野生菊の一種。葉に深い切れ込みがあり、表裏に産毛がある。

オキノアザミ
キク科
花 期：5 〜 8 月
全体にとげが多い。特に総苞片の先端が鋭いとげになっていて、それが伸びるのが特徴。

絶滅危惧Ⅱ類

オキサンショウウオ
有尾目　サンショウウオ科
分布域：隠岐の島町
成体の全長は 13cm でほぼ黒色。隠岐では島後（隠岐の島町）の山地帯に分布する。

オキタゴガエル
無尾目　アカガエル科
分布域：隠岐全島
全長 5cm。山あいの湿度の高い、渓流近くに生息。鼻先が丸いタゴガエルとは違いが多い。

オキノウサギ
ウサギ目　ウサギ科
分布域：隠岐の島町・西ノ島町
体長は 50cm、体重は 2.6kg、耳の長さは 9cm 程度で、一般的な飼いウサギに比べ少し小さい。

海岸で
探してみて

オキホシミスジ
チョウ目　タテハチョウ科
分布域：隠岐全島
海岸部の崖や河川下流域の崖地が生息地。緩やかに飛翔する様子が美しい。絶滅危惧種。

隠岐ユネスコ世界ジオパークは日本の国立公園に指定されている。隠岐の自然環境は貴重なもの。法律によって保護されているため、動植物などをむやみに捕獲した場合、法律により罰せられる可能性もある。動植物はあくまで隠岐で観賞するだけにとどめよう。

離島に残る多様な文化を体感！

隠岐はその地理的要因により、古くは日本海交易の中継地としての役割を担い、さまざまな文化が生まれ、現在まで受け継がれている。

大地を舞台に人々が紡いだ物語

孤島であることに加え、起伏に富んだ複雑な地形により、かつては集落間の行き来が困難だった。それゆえ各集落での伝統文化と地域の個性が長く守り続けられてきた。

水若酢神社で行われる「祭礼風流」

① 黒曜石から始まった歴史

隠岐を代表する岩石のひとつ。かつては包丁の代わりに刃物として利用されていた。はるか3万年前に、隠岐の黒曜石が新潟県や四国まで運ばれたことがわかっている。当時の人々の交流の様子を伝える貴重な資料だ。

黒曜石はシカの角で割って鋭利にしていく

③ 北前船がもたらした繁栄

江戸時代中期になると、西郷港は瀬戸内海から北海道まで物資を運ぶ北前船の風待ち港となり、おおいににぎわった。多くの船乗りが滞在し、日本各地の文化がもたらされた。民謡しげさ節は新潟の歌が元になったという。

最盛期には年間4000隻の船が西郷港に寄港したという

② 流人によって生まれた文化

離島でありながら生活に困らない程度に豊かだった隠岐は、高貴な都人の遠流の地とされた。流された貴人としては後醍醐天皇や歌人の小野篁（たかむら）などが有名。そのとき都の文化も隠岐にもち込まれた。

牛突きは後鳥羽天皇を慰めるために始まったといわれる

④ 地形を利用した生きる知恵

火山島である隠岐は土地がやせていることが悩み。しかし高台でも水には恵まれていた。そこで昔の人々は、土地を垣根で区切って、放牧と畑作を4回転で行う「牧畑」という農法を行い、やせた土地を活用した。

知夫里島の赤ハゲ山付近で牧畑の石垣を見ることができる

隠岐だからこそ生まれた文化

隠岐古典相撲

二番勝負で行われ、必ず一勝一敗とすることから人情相撲といわれる。遷宮や大規模な公共事業の完成のときにのみ開催される。

牛突き

800年以上続く牛突き。もとは後鳥羽天皇のために始まったが、以来島民の娯楽として根づいた。現在は年3回、本場所大会が開催される。

祭事

1200年前から続く隠岐国分寺の蓮華会舞や、大山神社の大木にカズラを7回半巻き付ける布施の山祭りなど、独特の祭りが多い。

神社

150社以上の神社がある。昔は地域間の行き来が難しく、各集落でそれぞれ神社を作った。離島だと思えぬ立派な神社が多い。

VOICE 隠岐の高台で水が湧くのは、地下にある淡水の層が大地の割れ目を伝い上がってきて噴出するからだ。海水と淡水の層があるが、海水の比重が重いため淡水が上に集まり、押し上げられる格好となる。これを淡水レンズ現象という。

隠岐の山を歩きましょう

さあ、ジオパークを楽しもう！

ガイドの案内でジオパークを探検！

隠岐の自然、文化に詳しい地元ガイドさんと山を探検！

あの岩がトカゲ岩です

オキサンショウウオいるかな？

隠岐固有種のオキサンショウウオを探す

隠岐ジオパーク
ツアーデスクガイド
斎藤正幸さん

中村の海岸近くの柱状節理の崩落現場

隠岐の自然の不思議を ガイドと一緒に探検！

隠岐の自然や文化に精通したガイドと山や海岸線、集落を探検すればより隠岐の複雑な成り立ちが理解できるはず。隠岐ジオパークツアーデスクで用意しているトレッキングコースは鷲ヶ峰自然回帰の森、大満寺山、トカゲ岩、高田山、白島海岸の5つ。この日は鷲ヶ峰自然回帰の森コースをガイドと一緒に散策。渓流でオキサンショウウオを探したり、展望台から奇岩、トカゲ岩を眺めたり。やがて植林地帯から天然林に変わると森の空気が一変！ 古いもので樹齢400年にもなる巨大な天然スギが800本以上並んでいる。

直径5m以上、樹高37m以上の巨大な杉に圧倒される

隠岐ジオパークツアーデスク
所要 各コース約4時間 交 集合場所は予約時に応相談 料 2万円（1〜4名）※1名追加ごとに5000円、最大6名まで 休 要問い合わせ 予約 必要 電 (08512)6-2050 URL www.okigeopark.com

もっと知りたい！
さらに詳しく知りたければ 隠岐自然館へ足を運ぼう！
隠岐の島町の西郷港にあり、隠岐の成り立ち、生態系、歴史、文化などを、パネルや映像、ジオラマなどでわかりやすく解説。隠岐だけにいる珍しい生き物の標本や写真も展示されている。質問があれば、解説員に尋ねて。

魚、鳥、貝、花まで、隠岐の自然のすべてがわかる

MAP 折り込み③C2 交 西郷港から徒歩すぐ 住 隠岐ジオゲートウェイ2階 電 (08512)2-1583 時 9:00〜17:00 料 高校生以上500円、小・中学生250円 休 第2・4火曜 駐車場 あり（有料）

voice ジオパークの楽しみ方はとにかくいろいろなことを経験すること。隠岐の成り立ちと仕組みに気づくと、今までは素通りしていた景色が、新しい世界になる。難しく考えなくても大丈夫。まずは隠岐のおいしい魚介類を食べてみて、なぜ魚介が豊富なのかを考えることからスタートしよう。

33

隠岐の神社巡り

島民の暮らしに寄り添う鎮守の神々

ぜひお祭りに
お越しください！

隠岐の神社がもつ
歴史の深さに触れよう

　隠岐の特徴のひとつが神社の多さだ。その数は150座以上あると伝わり、平安時代以前に創建された古い歴史をもつ神社も少なくない。延喜式神名帳に記載された神社は16座で、そのなかでも伊勢命神社・水若酢神社・宇受賀命神社・由良比女神社の4座が大社。島根の本土側では出雲大社と熊野大社の2社だけであることを鑑みると、これは当時の隠岐の重要性を伝える何よりの証でもある。

　そして着目すべきは現在においても各神社が実質的に機能している点。時代とともに島の人々の暮らしが変化しようとも、神社がある限り脈々と受け継がれた文化の本質を見失うことはないだろう。

延喜式神名帳って何？

延長5（927）年にまとめられた日本最古の全国神社リストのことです。延喜式神名帳に記載された神社は式内社（しきないしゃ）と呼ばれ格式が高いとされますが、なかでも当時、国が特別に扱った神社は「大社」と記載されています。

隠岐神社禰宜
村尾茂樹さん

上／境内に奉納相撲のための土俵を設えた神社が多い　下／隠岐造りと呼ばれる独特の建築様式を用いた水若酢神社の本殿

隠岐の神社 MAP

1. 焼火神社
2. 隠岐神社
3. 玉若酢命神社
4. 水若酢神社
5. 由良比女神社
6. 宇受賀命神社
7. 伊勢命神社
8. 一之森神社

9. 春日神社
10. 大山神社
11. 壇鏡神社
12. 御客神社
13. 三穂神社
14. 天佐志比古命神社

西ノ島町

隠岐の島町

海士町

知夫村

voice 氏神神社とは居住地域の氏神をお祀りしている神社のことで、同じ氏神を守る人々（氏子）が地域の共同体の構成単位となっている。またこれに対して地縁や血縁的とは別にご祭神の由緒などによって個人的に崇拝する神社を崇敬神社と呼ぶ。

隠岐の人々にとって神社は日々の暮らしに密接した存在。
集落の数だけ神社があり、神社の数だけ信仰がある。

❶ 焼火神社
たくひじんじゃ
島前 西ノ島町

焼火山に鎮座する
神火の伝説が残る神社

島前カルデラの中央火山口、焼火山の中腹に位置する。安藤広重や葛飾北斎の版画「諸国百景」でも隠岐国の名所として描かれている神社で、古くから海上安全の神として信仰されてきた。岩穴に建つ本殿は隠岐最古（1732年改築）。海中から現れた火の玉が本殿裏の岩穴に入っていったことからこの地が祀られるようになったという伝承があり、現在も旧暦12月の大晦日に龍灯祭という神事が行われている。

宮司の松浦道仁さん。
隠岐の歴史に詳しい

国の重要文化財なのです

MAP P.82B2
交 別府港から車で約20分、そこから徒歩約25分
住 西ノ島町美田（焼火山山腹）　駐車場 あり

上／拝殿奥にある本殿が岩穴にすっぽり収まっている　右下／駐車場から登山道を登ること25分、ようやく鳥居が姿を現す　中下／山中にはマムシが出ることも。注意して！　左下／社務所からのすばらしい眺望

❷ 隠岐神社
おきじんじゃ
島前 海士町

後鳥羽天皇を祀る
海士町のシンボル

どんなお願いをする？

創建は後鳥羽天皇の崩御から700年の節目となる昭和14（1939）年。神社の境内地は後鳥羽天皇の行在所と伝わる源福寺に隣接し、この地では神社がある以前から天皇を祀る催事があったと伝わっている。現在は、後鳥羽天皇を祀る心のよりどころとしてはもちろん、島民の暮らしに根づき、地域の伝統行事の存続を図る役割もまた担っている。

MAP P.91F1　交 菱浦港から車で約10分
住 海士町海士1784　駐車場 あり

上／神社門から正面に見た拝殿。本殿は隠岐造りと呼ばれる建築様式で造られている　右下／参拝の記念に御朱印をいただこう　左下／春には約250本の桜が花を咲かせ、花見客でにぎわう

夜の隠岐神社まいり
灯籠に火がともる夜の厳かな雰囲気の中で参拝ができる特別コースをご用意。「隠岐神社の夜祈願」では神主さんの導きで本格的なご祈祷を受けられる。

所要 約1時間　電 050-1807-2689（海士町観光協会）　時 19:30～20:30
料 6000～8500円（参加人数により変動）　休 なし　予約 必要

幻想的な体験は、印象深い旅の思い出になるだろう

voice 隠岐汽船のロゴデザインである3つの赤丸は、焼火神社の伝承にある火の玉に由来している。隠岐汽船の礎を築いた松浦斌（さかる）氏は、焼火神社の宮司・松浦道仁さんの先祖。氏に敬意を表し、焼火山の下を通過するフェリーは必ず汽笛を鳴らしている。

35

拝殿横には
古墳もあります

島後 隠岐の島町

たまわかすみことじんじゃ
③ 玉若酢命神社

巨木が存在感を放つ
隠岐の総社

　隠岐の総社として創建され、本殿は隠岐造りの建築様式で随神門と旧拝殿とともに国の重要文化財に指定されている。境内に伸びる高さ約38mの八百杉は、樹齢約2000年ともいわれる天然記念物。毎年6月5日には島後三大祭のひとつ、御霊会風流が行われる。

MAP P.61A2　**交** 西郷港から車で約5分
住 隠岐の島町下西713　**駐車場** あり

島後 隠岐の島町

みずわかすじんじゃ
④ 水若酢神社

江戸の文献にも残る
隠岐古典相撲の代表格

　隠岐の国土開発と海上警固の任に当たった神様と伝わる水若酢命を祀る。延喜式神名帳では名神大社に名を連ねる。境内の土俵は奉納相撲が盛んな隠岐のなかでも格式が高いとされ、江戸時代の文献にも20年に1度の遷宮で奉納相撲が開催された、と記述が残っている。

MAP P.66B2　**交** 西郷港から車で約25分
住 隠岐の島町郡723　**駐車場** あり

灯籠や拝殿を
じっくり観察しよう

島前 西ノ島町

ゆらひめじんじゃ
⑤ 由良比女神社

境内に施された
イカの彫刻にも注目

　隠岐四大社のひとつで、隠岐の島町の水若酢神社とともに隠岐国一宮に定められている古社。神社前の浜は「イカ寄せの浜」として知られ、イカが主祭神の由良比女命の手を噛んでしまったことから、お詫びに毎年イカが浜に打ち上がるようになったとの伝承が残る。

MAP P.82C1　**交** 別府港から車で約15分
住 西ノ島町浦郷922　**駐車場** あり

島前 海士町

うつかみことじんじゃ
⑥ 宇受賀命神社

田園に囲まれた
隠岐一の霊場

　古来より海上安全、安産の神として島民の信仰を集めた宇受賀命が祀られた神社。西ノ島の比奈麻治比売命（ひなまちひめのみこと）を巡り、大山神社の神と力比べをしたという伝説も残る。元旦に行われる「あご石神事」は、アゴ（トビウオ）に見立てた石を海に投げ、大漁を祝う儀礼だ。

MAP P.91B1　**交** 菱浦港から車で約20分
住 海士町大字宇受賀　**駐車場** なし

voice 由良比女神社の創建は平安時代。紀貫之の『土佐日記』には「ちぶり神」と記述があり、知夫村の伝説によれば元は知夫の烏賊浜にあったという。社が移されてからというもの烏賊浜にはイカの群れが現れなくなり、現在の場所へ集まるようになったそうだ。

⑦ 伊勢命神社
いせみことじんじゃ

島後 隠岐の島町

夜通し奉納する
久見神楽が有名

西日本最大の黒曜石の産地・久見集落の氏神である伊勢命を祀る神社で、隠岐四大社のひとつ。7月の例祭で夜を徹して奉納される久見神楽は島後神楽のなかでも旧穏地郡に伝わるものだ。

MAP 折り込み②A1　**交** 西郷港から車で約40分
住 隠岐の島町久見 375　**駐車場** なし

⑧ 一之森神社
いちのもりじんじゃ

島後 隠岐の島町

鎌倉時代に起源を
もつ武良祭

この神社で隔年で開催される隠岐武良祭は五穀豊穣を祈るもので、ご神体の月神と元屋地区の八王子神社に祀られる日神とが祭場で出会う神事。隠岐島後の三大祭りに数えられている。

MAP P.69A2　**交** 西郷港から車で約30分
住 隠岐の島町中村 198　**駐車場** なし

⑨ 春日神社
かすがじんじゃ

島後 隠岐の島町

鳥居の正面から
朝日が昇る

春分・秋分の日に鳥居の真正面から昇る朝日を拝める縁起のよい神社。境内には樹齢350年を超えるクロマツ林があり、春から初夏にかけては南方系のナゴランが、神社前の海岸では夏に北方系のハマナスが咲く。

MAP 折り込み②C2　**交** 西郷港から車で約30分
住 隠岐の島町布施　**駐車場** あり

⑩ 大山神社
おおやまじんじゃ

島後 隠岐の島町

杉がご神体の
巨木信仰の神社

樹齢400年ともいわれる杉の巨木がご神体で、社殿がないため一山全体が神社として祀られている。隔年4月に行われるご神木にかずらを巻き付ける神事は、日本最古の山祭りといわれている。

MAP 折り込み②C2　**交** 西郷港から車で約35分
住 隠岐の島町布施　**駐車場** なし

⑪ 壇鏡神社
だんぎょうじんじゃ

島後 隠岐の島町

神秘的な滝に
心癒やされる

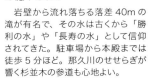

岩壁から流れ落ちる落差40mの滝が有名で、その水は古くから「勝利の水」や「長寿の水」として信仰されてきた。駐車場から本殿までは徒歩5分ほど。那久川のせせらぎが響く杉並木の参道も心地よい。

MAP 折り込み②A3　**交** 西郷港から車で約50分
住 隠岐の島町那久　**駐車場** あり

⑫ 御客神社
おんぎゃくじんじゃ

島後 隠岐の島町

宗教のルーツを感じる
自然信仰の社

社殿はなく、しめ縄を締められた巨岩がご神体。古くからの自然信仰の名残を見て取ることができる。偶数年の3月21日には境内の広場で1年を占う弓引きの祭りも開催される。

MAP 折り込み②B3　**交** 西郷港から車で約15分
住 隠岐の島町原田　**駐車場** あり

⑬ 三穂神社
みほじんじゃ

島前 海士町

後鳥羽天皇が
一夜を過ごした神社

海士町の南端部、崎地区にある神社。隠岐へ配流された後鳥羽天皇が乗る船が夕刻にこの地に上陸し、隠岐で最初の夜を境内で過ごしたとされる。付近には天皇が御腰掛けしたとされる石が残る。

MAP P.91A2　**交** 菱浦港から車で約25分
住 海士町大字崎　**駐車場** なし

⑭ 天佐志比古命神社
あまさしひこのみことじんじゃ

島前 知夫村

芝居小屋をもつ
知夫村の総氏神

地元民には「一宮さん」と呼ばれ親しまれている。境内には芝居小屋が併設され、神楽や子供歌舞伎が伝承されている。神社脇には後醍醐天皇にまつわる腰掛けの石も残っている。

MAP P.99C3　**交** 来居港から車で約5分
住 知夫村宇郡 1018　**駐車場** なし

VOICE 大山神社の杉の巨木や御客神社の巨岩には、神道のルーツとされる自然信仰の形を見てとることができる。隠岐の四大杉として有名な樹齢約800年の乳房杉も同じく巨木信仰の対象で、社殿のない岩倉神社のご神体となっている。

隠岐
島人インタビュー 1
Islanders' Interview

将来、子供たちが島で暮らし、
夢をかなえられる町を
残さなきゃって思ったんです

町歩きを楽しんで

秀月堂
月あかりカフェ
黒川 由希恵 さん
（くろかわ ゆきえ）

左／秀月堂の看板商品、
さざえ最中。月あかりカ
フェでも味わうことがで
きる　右／八尾川を望む月
あかりカフェの店内

商売を継ぐことに
父は反対したんです

　かつて西郷の西町は職人・商人
の町として、たくさんの商店がひし
めき活気にあふれていた。黒川さ
んの実家も、商店街で昭和28年
から和菓子店を営む。子供の頃か
らお菓子を作り、地元の人々を喜
ばせていた父の姿を見てきた黒川さ
んは、自然に自分も跡を継ぐものだ
と思っていた。だから進学のときに、
その旨を打ち明けたときの父の反応
は思いがけないものだった。「今後
住民が減る一方のこの町で、商売
をするのは難しい。安定した仕事に
就いてくれ」。それは商店街の変化

を目の当たりにしてきた父の切実な
思いだったのだろう。
　しかし諦めきれない黒川さんは、
大阪の製菓専門学校に進学。有名
な和菓子店で5年の修業を積み、
25歳のときに島に帰ってきた。
　島に帰ってからは家業を手伝いな
がら、観光協会の仕事に就いた。
そのとき、観光客からの相談で返
答にいちばん困ったのがフェリーの
出航までの待ち時間を、気軽に過
ごせる場所がないことだった。

かつてにぎわった
町の記憶をよみがえらせたい

　そこで黒川さんが思いついたの
が商店街の復活。観光客、地元の
人々双方が楽しめる活気ある町で
あることが大切だ。人の往来があ
る場所には自然と人が集まり、楽し
いことが生まれるはず。
　そう、ここはかつて人々が往来す
る活気ある商店街だったじゃない
か。娘と一緒に商店街の地図を手
作りし、現在も商店街で営業してい

る店を洗い出す。肉屋がない、本
屋もない……。でも、酒屋はある、
魚屋もある。そのとき商店街で営
業を続けていたのは35軒。その
店に声をかけ、八尾川に架かる「愛
の橋」の名をとって、「愛の橋商店街」
として活動を始めた。
　とはいえ、その当時は店同士に
つながりはなかった。そこで最初に
行ったのがプランターで花を作り町
に飾ることだ。ひとつの目標に向
かって一緒に行動することで横のつ
ながりが生まれた。2016年には念
願の、古民家を改築したコミュニティ
カフェ「月あかりカフェ」をオープン。
ひな祭りや月見会など、季節ごとの
イベントは島民の楽しみになっている。
　娘が小学1年生の頃、「ここでお
店をしたい」と言い出したことも。
この子が大人になるときにも、活気
ある町を残してあげなければ。黒
川さんは今後もみんなを巻き込み、
新たな流れを生み出していく。

秀月堂・月あかりカフェ（→P.64）

娘と一緒に作った商店街のシミュレーショ
ンマップ。母娘の夢がふくらむ

隠岐の巡り方
Recommended Routes

島前・島後、合わせて4つの島からなる隠岐。

4島の見どころをすべて巡る？島前、島後それぞれをじっくり楽しむ？

旅のスタイルによって異なるモデルプランをご提案。

歴史と文化を満喫！ 2泊3日

島後プラン

かつて北前船で栄えた西郷で隠岐の歴史に触れ、
さらに樹齢1000年超えの杉を擁する豊かな自然に彩られた島をくまなく巡ろう。

1 日目　島の西海岸の絶景を巡る
総距離 43km

- 1 **12:00** 西郷で腹ごしらえ
- 2 **13:10** 八百杉にご対面！
- 3 **14:10** 舟小屋群へ
- 4 **15:30** 壇鏡の滝へ
- 5 **17:00** ローソク島で夕景観賞

僕らを見つけてね！

2 日目　隠岐の自然・文化と絶品グルメを味わう
総距離 50km

- 6 **9:00** 観光牛突きを観戦！
- 7 **12:00** さざえ丼でランチ
- 8 **13:15** 絶景の白島展望台へ
- 9 **15:00** 岩倉の乳房杉へ
- 10 **18:00** 隠岐黒磯牛に舌鼓

力と技のぶつかり合い

3 日目　島後の中心・西郷の町をゆったり散策
総距離 2km

- 11 **9:00** 喫茶店でモーニング
- 12 **10:00** かっぱ遊覧船で小旅行
- 13 **11:00** 隠岐自然館で旅のまとめ
- 14 **12:00** 小腹を満たしにランチへ
- 15 **13:10** 西郷周辺でおみやげ探し

隠岐みやげはいかが～

---

1 日目　**12:00**　車で3分 🚗 → **13:10**　車で20分 🚗 →

1 まずは港の近くで腹ごしらえ

観光スポット巡りの前に西郷で腹ごしらえ。フィッシャーマンズ・ワーフ隠岐ならランチから海鮮丼などが味わえる。→ P.63

おなかを満たして準備万端

2 島後四大杉のひとつ八百杉を見る

西郷郊外にある玉若酢命神社にご参拝。境内には樹齢約2000年といわれる巨大な八百杉がある。→ P.36

国指定の天然記念物だ

---

2 日目　**9:00**　車で20分 🚗 → **12:00**　車で15分 🚗 →

6 モーモードームで牛突き観戦！

開催時間に合わせて隠岐モーモードームへ。隠岐伝統の牛突きを気軽に観戦できる。突き牛との記念撮影もできる。→ P.59

間近で見ると大迫力！

7 ランチはご島地グルメ・さざえ丼をチョイス

島を北上して中村エリアのさざえ村へ。お目当てはもちろん名物の卵とじさざえ丼。コリコリのサザエが絶品！→ P.71

上品なあごだしがおいしさの秘訣

---

3 日目　**9:00**　徒歩で3分 🚶 → **10:00**　徒歩で3分 🚶 →

11 地元客御用達の喫茶店でゆったりモーニング

マスヤで地元の人に交ざってモーニング。西郷周辺にはほかにも朝から営業する喫茶店がいくつかある。→ P.64

島の日常も垣間見られるはず

12 かっぱ遊覧船で西郷探検

西郷湾と八尾川を屋形船に乗って遊覧。かつて北前船で栄えた歴史スポットがたくさん。船頭さんのトークもお楽しみに。→ P.52

船から眺める西郷の町もオツなもの

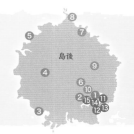

プランニングのコツ
レンタカー&エリア分けで効率的に
観光スポットは島の周囲に点在する。1日ごとに巡るエリアを大まかに決めよう。

→ **14:10** 　車で40分 🚗→ **15:30** 　車で40分 🚗→ **17:00**

3 "舟のアパート"舟小屋群でかつての暮らしをしのぶ

屋那の松原と呼ばれる老松群のそばにある、杉皮葺きの屋根に浜辺の石が乗せられた舟小屋群。ここだけ時が止まったよう。→ P.67

昔の漁村を彷彿とさせる

4 パワースポット、壇鏡神社&壇鏡の滝へ

杉の大木が並ぶ参道を抜けると荘厳な滝が現れる。古くから「勝ち水」と呼ばれ勝負事の前に水を汲みにくる風習がある。→ P.67

迫力ある断崖も一見の価値あり

5 ハイライトはローソク島のサンセットクルーズ

日没の時間に合わせて遊覧船でローソク島へ。夕日が岩の先端に重なるとまるで巨大なローソクに火をともしたよう。→ P.54

ベストショットを狙って!

→ **13:15** 　車で45分 🚗→ **15:00** 　車で40分 🚗→ **18:00**

8 島後屈指の景勝地白島展望台へ

おなかが満たされたら島後最北端の白島展望台までドライブ。長い年月の浸食により生まれた独特の風景が見渡せる。→ P.70

青い海と白い岩肌の対比が美しい

9 島後四大杉・岩倉の乳房杉を訪ねる

まずは島後の四大杉のひとつ、岩倉の乳房杉を目指す。垂れ下がる根が特徴的なこの杉は樹齢約800年といわれる。→ P.70

雨上がりはいっそう神秘的

10 ちょっと贅沢に隠岐黒磯牛のディナー

西郷郊外の勇花亭で焼肉ディナー。この店でしか味わえない自社ブランドの隠岐黒磯牛は濃厚な味わい!→ P.25

人気店なので予約していこう

→ **11:00** 　徒歩で5分 🚶→ **12:00** 　徒歩で5分 🚶→ **13:10**

13 隠岐自然館で旅の体験の総まとめ

隠岐自然館では隠岐諸島の自然の成り立ちや独自の生物、文化についてわかりやすく展示。旅のおさらいにもピッタリ。→ P.62

隠岐ジオゲートウェイ2階にある

14 最終日は気分を変えてイタリアンランチ

POMODOROのピザは、隠岐産の藻塩米を配合したピザ生地を使用している。モチモチとした食感がおいしい!→ P.63

ランチはピザとパスタが中心

15 おみやげをゲットしてフェリーで帰路に

ハイセンスな隠岐みやげを探すなら京見屋分店へ。思う存分買い物をしたら、西郷港発のフェリーで本土へ。→ P.64

ほかでは手に入らない雑貨も多い

風光明媚な島前を堪能

島前３島プラン

2泊3日

西ノ島町の国賀海岸、知夫村の赤壁とダイナミックな景観がめじろ押し。
2泊3日で絶景とグルメ、文化を体験するプランをご紹介。

1日目 知夫村の絶景と文化に触れる

総距離 20km

- ❶ 11:30 知夫村に到着
- ❷ 12:00 ランチで腹ごしらえ
- ❸ 14:30 赤壁に感動！
- ❹ 15:30 天佐志比古命神社へ
- ❺ 17:00 海士町のホテルへ

内航船を
上手に使って！

2日目 海士町の名所巡りと国賀海岸クルーズを堪能

総距離 18km

- ❻ 10:00 隠岐神社を参拝
- ❼ 10:45 明屋海岸のハート岩
- ❽ 11:30 名物寒シマメの漬け丼
- ❾ 13:00 国賀海岸クルーズ
- ❿ 18:00 島の味覚を堪能

キンニャ
モニャ〜

3日目 神聖な神社や絶景を巡り、帰途

総距離 27km

- ⓫ 9:30 焼火山の焼火神社へ
- ⓬ 11:00 由良比女神社を参拝
- ⓭ 12:00 摩天崖の絶景に感動！
- ⓮ 13:30 古民家カフェでランチ
- ⓯ 15:45 おみやげを買って帰路へ

いつでも
おいで♪

1日目 11:30　車で10分 →　12:00　車で30分 →

1 七類発のフェリーで知夫村に到着

知夫村の来居港からスタート。本土からフェリーを利用する場合、島前経由に乗船しないと知夫村には到着しないので注意。

島の顔となるフェリーターミナル

2 日替わり海鮮ランチで腹ごしらえ

知夫村は飲食店が少ないので食事プランは慎重に。ランチも営業する小料理屋どんどんは刺身定食がおすすめだ。→ P.101

ボリュームもたっぷり！

2日目 10:00　車で10分 →　10:45　車で20分 →

6 海士町のシンボル・隠岐神社を参拝

菱浦港でレンタカーを借りて中里にある隠岐神社まで移動。隠岐へ配流された後鳥羽天皇を祀っている。→ P.35

周囲には関連した観光スポットも

7 パワースポット・明屋海岸のハート岩へ

女神がお産した伝説が残された明屋海岸には縁結びのスポット・ハート岩が。夏には海水浴やキャンプも楽しめる。→ P.93

ハート形の空洞が開いた岩

3日目 9:30　車で20分 →　11:00　車で15分 →

11 隠岐最古&海上の守護神・焼火神社へ

隠岐最古の本殿がある焼火神社の鎮座する焼火山は島前最高峰。島前カルデラの中心地、つまり噴火口と考えられている。→ P.35

参道は登山道になっている

12 イカの伝説が残る由良比女神社へ

浦郷にある由良比女神社にはイカ寄せの伝承が残る。神社前の浜にはかつてイカの大群が押し寄せたとか。→ P.36

灯籠や拝殿にもイカの彫刻が

プランニングのコツ
内航船のスケジュールを確認
内航船は「いそかぜ」とフェリー「どうぜん」の2種類。予約は不要だが運航スケジュールの確認は入念に。

→ **14:30** 車で30分 🚗 → **15:30** 内航船で20分 🚢 → **17:00**

3 ダイナミックな赤壁に感動！
赤壁展望所からは、高さ50〜200mに及ぶ赤壁を間近に見られる。断崖の上では牛が草をはむ牧歌的な光景が広がる。→ P.100

思わず目を奪われる断崖の色彩

4 天佐志比古命神社（一宮神社）を参拝
地元では一宮（いっく）さんと呼ばれ親しまれている神社。境内には神楽や子供歌舞伎が奉納される芝居小屋がある。→ P.37

知夫村の総氏神だ

5 海士町のホテルでのんびり
内航船で海士町へ移動し、Entôへチェックイン。全室菱浦湾に面し、行き交う船を眼下に至福のひとときを過ごそう。→ P.97

開放感あふれる別館「NEST」の客室

→ **11:30** 内航船で7分 🚢 +車で10分 🚗 → **13:00** 車で2分 🚗 → **18:00**

8 名物ランチを食し内航船で西ノ島へ
キンニャモニャセンターにある船渡来流亭で寒シマメ（スルメイカ）の漬け丼のランチ。アツアツのご飯と相性ばっちり！→ P.94

噛むごとに甘味とうま味が広がる

9 奇岩が連なる国賀海岸をクルーズ！
西ノ島の観光ハイライトのひとつ、国賀海岸を巡る観光船に乗って奇岩と断崖が織りなす絶景を目に焼き付けよう。→ P.76

国賀海岸観光のハイライト

10 地元客に交じって島の味覚を堪能
浦郷の名店、鮨あいらでディナーコースを堪能。大将とのコミュニケーションも旅のよい思い出に。→ P.88

新鮮なお寿司に舌鼓

→ **12:00** 車で20分 🚗 → **13:30** 車で20分 🚗 → **15:45**

13 摩天崖トレッキングで絶景を満喫
隠岐を代表する絶景を見に国賀海岸へドライブ。摩天崖や国賀浜など風光明媚なスポットがめじろ押しだ。→ P.74

断崖沿いには牛馬が放牧されている

14 旅の最後の食事は古民家カフェで
大山集落のTAKUHI.cafe&lifestyleは公民館をリノベしたカフェ。ヒオウギ貝のフライを島食材の副菜とともに味わって。→ P.27

島のストーリーを感じる手料理だ

15 旅のみやげをゲットしてフェリーで七類へ
西ノ島で島みやげを手に入れるなら別府の安藤本店がおすすめ。旅の出会いや思い出を胸に留め、フェリーで本土へ。→ P.88

また会う日まで！

4島をエコ＆アクティブに巡る！

3泊4日

島前＆島後 E-bike プラン

各島の観光案内所では E-bike をレンタルできる。
風光明媚な見どころを軽快に駆け巡ろう。

1日目 西回りで島後をぐるっと半周

総距離 50km

- ❶ 12:00 E-bike をレンタル
- ❷ 12:30 玉若酢命神社を参拝
- ❸ 14:30 那久岬の展望を満喫
- ❹ 15:20 油井前の洲へ
- ❺ 16:30 温泉でひと休み

準備は OK？

2日目 島前へ移動し海士町＆知夫村を巡る

総距離 20km

- ❻ 10:00 Entō で旅の予・復習
- ❼ 11:00 隠岐牛ランチに舌鼓
- ❽ 14:30 知夫村・赤ハゲ山へ
- ❾ 15:30 大断崖・赤壁に感動！
- ❿ 18:00 人気のフレンチを堪能

僕たちに
気をつけて！

3日目 西ノ島の絶景で隠岐旅を締めくくる

総距離 28km

- ⓫ 10:00 船引運河へ寄り道
- ⓬ 11:00 海鮮丼をテイクアウト
- ⓭ 11:30 由良比女神社を参拝
- ⓮ 12:30 高さ257mの摩天崖へ
- ⓯ 14:00 国賀浜の奇岩・通天橋

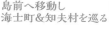

4日目 島前に別れを告げフェリーで本土へ

1日目 12:00 → E-bikeで10分 → 12:30 → E-bikeで1時間30分 →

1 観光案内所で E-bike をレンタル

まずは隠岐ジオゲートウェイ1階の観光案内所へ。ヘルメットやデイパックの貸し出し、荷物預かりにも対応する。→ P.126

ハイシーズンは事前予約がおすすめ

2 八百杉がそびえる 玉若酢命神社を参拝

隠岐の総社として知られる玉若酢命神社へ寄り道。境内には樹齢約2000年といわれる八百杉がそびえ立つ。→ P.36

本殿は隠岐造りと呼ばれる建築様式だ

2日目 10:00 → 徒歩で約3分 → 11:00 → 内航船で30分 → E-bikeで1時間10分 →

6 Entō で隠岐の 自然と歴史を学ぶ

早朝のフェリーで島前・海士町へ。人気ホテル Entō の1階にある展示室に立ち寄り隠岐への理解を深めよう。→ P.97

一風変わった展示がおもしろい

7 隠岐を訪れたなら 一度は食したい隠岐牛

菱浦港すぐの島生まれ島育ち隠岐牛店は隠岐牛の専門店。隠岐島内でもめったに出合えないブランド牛を味わおう。→ P.25

幻の和牛がお手頃価格で味わえる

3日目 10:00 → E-bikeで約15分 → 11:00 → E-bikeで3分 →

11 船引運河から 島の暮らしを垣間見る

内航船で西ノ島の別府港へ。E-bike で船越地区へちょっと立ち寄り。大正時代に造られた運河が船越のシンボルだ。→ P.86

多くの船が往来する島の要衝だ

12 新鮮な魚介がてんこ盛りの 海鮮丼をテイクアウト

浦郷港ターミナル内にある「この海はひろし」で海鮮丼をテイクアウト。摩天崖の絶景とともにほお張ろう。→ P.88

店舗前の休憩スペースで食べることもできる

プランニングのコツ
安全に楽しむために
ヘルメットの着用やドリンクの携帯は必須。西ノ島と知夫里島の山腹にはテキサスゲートと呼ばれる牛馬用の柵があり、道路の溝にご注意を。

島後

島前

西ノ島

中ノ島

知夫里島

→ **14:30** E-bikeで20分 🚲 → **15:20** E-bikeで40分 🚲 → **16:30**

3 西回りで 島前を望む那久岬へ
舟小屋群で有名な都万地区で小休止をはさみつつ、一路灯台が建つ那久岬へ。島前の島々を見渡すことができる。→ P.68

灯台まで遊歩道が整備されている

4 平らな岩場が広がる 油井前の洲
油井漁港の手前にある油井前の洲は、波食棚と呼ばれる平らな岩場が広がるスポット。潮が引くと水面が鏡のように。→ P.68

夕日の絶景スポットでもある

5 温泉で体の疲れを リフレッシュ
五箇地区にある隠岐の島町唯一の温泉施設、隠岐温泉 GOKA は美肌の湯としても評判だ。軽食もある。→ P.67

1日の疲れを癒やそう

→ **14:30** E-bikeで30分 🚲 → **15:30** E-bikeで30分 🚲 → **18:00**

8 知夫村の最高峰、 赤ハゲ山展望台を目指す
内航船で来居港へ移動し、E-bike で知夫村の絶景を目指す。赤ハゲ山展望台からは島前カルデラが一望できる。→ P.100

道中の風景もまたすばらしい

9 知夫村きっての景勝地 赤壁の雄大さに感動
最高所 200 mにもなる鮮やかな赤色の断崖は知夫村のシンボル的存在。赤壁遊覧船からの眺めもおすすめ。→ P.100

国の名勝天然記念物に指定されている

10 島素材をふんだんに用いた 絶品フレンチですてきな夜を
知夫の島民をとりこにするフレンチレストラン Chez SAWA でシェフが腕によりをかけた料理を堪能しよう。要予約。→ P.24

メニューはコースのみ。ひと皿ずつ楽しもう

→ **11:30** E-bikeで30分 🚲 → **12:30** E-bikeで20分 🚲 → **14:00**

13 イカ伝説の 由良比女神社へ
浦郷にある由良比女神社にはイカ寄せの伝承が残る。神社前の浜にはかつてイカの大群が押し寄せたとか。→ P.36

灯籠や拝殿にもイカの彫刻がある

14 風光明媚な摩天崖で 贅沢なランチタイム
海抜 257 mの摩天崖は国賀海岸を代表する大絶壁。国賀浜まで約 2.5km の遊歩道が整備されていてハイキングも人気。→ P.74

食事の際はカラスにご注意を

15 通天橋に見る 自然の造形美に感嘆！
国賀浜の奇岩・通天橋や観音岩も見逃せないスポット。時間と体力に余裕があれば赤尾展望台まで足を延ばすのもいい。→ P.84

岩の架け橋のような造形だ

隠岐
島人インタビュー 2
Islanders' Interview

のびのびとしたこの環境を見たら、
健康でおおらかな性格な牛になる理由も
きっとわかるはずです

おいしい草が
いっぱい♡

西村畜産　西村 節夫 さん
にしむら せつお

体力面、健康面、
性格的にも知夫村
の牛は人気が高い

傾斜のある環境が
足腰の強い牛を作る

　島前の知夫村は、隠岐全島の中で最も小さく、島らしい風情が漂う。集落を少し離れればそこは牛の楽園。草原では牛がのんびりと草を食み、道路でもごろりん。車を見かけても逃げるでもなく、じっと見つめてくるつぶらな瞳が印象的だ。道路の真ん中にいる場合は、どいてくれるまでしばらく待つしかない。人口約600人に対し牛が約600頭。牛が主役の島といっても過言ではないだろう。

　ここにいる牛はすべて雌牛と子牛だ。子牛は競りにかけられ、隠岐

ミネラルをたっぷり含んだ牧草を食べて、
牛たちはすくすく育つ

牛をはじめ島根和牛など有名なブランド牛になる運命にある。

　知夫村和牛改良組合長であり、西村畜産元代表の西村さんは、知夫村で約50頭の牛を育てる。知夫村では1年を通じて放牧し、傾斜がある大地を歩くことにより運動不足にならず、海からの風や雨のなかで育つことで抵抗力が強く暑さ寒さに強い牛になる。また、肥育牛は、体重が増えて足腰が耐えられなくなると、食い止まりといって食欲がなくなることがあるのだが、隠岐の牛は足腰が丈夫なため、それが起こらないと評判だ。

　「相手は生き物だから1日も休みがないのは大変です。それでも競りのために、島まで2泊、3泊かけて来てくれる。そういう人のことを思うと手抜きはできません」

時代に合った牛を
自分の手で作りたい

　知夫村では年3回、子牛市場が開催される。100頭前後の生後7ヵ

月程度の子牛を求めて、県内外、遠くは関東や九州方面から肥育農家や畜産業者が訪れる。体重1kg当たりの平均落札価格が3000円を超えることもあり、評価は上々。隠岐の牛は性格がおとなしく温和なことでも好評だ。「そりゃあ、この環境だもの。太陽と青い海に囲まれた草原でのんびり生きてたら、優しい牛になるもんよ」

　西村さんの牛もかつて島根県種畜共進会で入選したことがある。「自分が育てる牛は、100％納得いくかたちで育てたいんです。畜産の専門誌などで最新の情報を得て、時代に合った牛を作ることが楽しみですよ」

　数年前から知夫村和牛改良組合で研修生を受け入れている。現在はUターンとIターンの研修生が畜産のノウハウを教わっている。知夫村の大切な産業が、次世代に受け継がれていくのが楽しみだ。

島全域に魅力がいっぱい詰まってます♪

隠岐の遊び方
How to Enjoy

隠岐で絶対行くべきレストランはどこ？

風光明媚な観光スポットは？　おみやげはどこで買う？

隠岐の必訪スポットをご紹介！

神の宿る島の神秘の景色

隠岐を彩る絶景スポット10

長い年月により造り上げられた断崖や奇岩、
島ならではの独特の文化・風習、その島を見守る巨木。
小さな島々の多彩な表情を見に行こう。

❶ローソク島

MAP P.66A1

[島後 隠岐の島町]

浸食により削られた高さ
約20mの奇岩。夕日が
先端に重なると、巨大な
ローソクのような姿を見
せる。→ P.54

❷岩倉の乳房杉

MAP 折り込み②C2

[島後 隠岐の島町]

樹齢約800年になる巨大な
杉。幹から乳房状の根が垂れ
下がっていることからそう呼
ばれる。→ P.70

❸牛突き

MAP P.66B1

[島後 隠岐の島町]

年3回開催される本場所大
会。一夜嶽はその最後に開
催される。開催日には山の
中の牛突き場がおおいにに
ぎわう。→ P.58

❹舟小屋群

MAP 折り込み②A4

[島後 隠岐の島町]

海水や虫から船を守るために
作られた杉皮葺きの小屋。かつ
ての漁村の姿が残る。→ P.67

❺通天橋

つうてんきょう

MAP P.82A1　島前　西ノ島町

海に大きくせり出した巨大な岩。一部が崩落し、まるで海への架け橋のよう。→ P.84

❻摩天崖

まてんがい

MAP P.82A1　島前　西ノ島町

海から垂直に切り立つ高さ 257 mの断崖絶壁。崖の上は草原が広がり、牛や馬が草を食む。→ P.84

❼明屋海岸のハート岩

あきや

MAP P.91B1

島前　海士町

女神がお産をしたという伝説の残る海岸。そこに浮かぶ岩にはハート形の空洞が。恋がかなうかも！→ P.93

❽焼火神社

たくひ

MAP P.82B2

島前　西ノ島町

隠岐最古の社殿。後鳥羽天皇が御神火で導かれたと伝承が残り、今でも海上の守護神として信仰を集めている。→ P.35

❾赤壁

せきへき

MAP P.98A3

島前　知夫村

鉄分を含んだ玄武岩がさまざまな色に輝く断崖絶壁。最も高いところで 200 mもある。→ P.100

❿赤ハゲ山

MAP P.98B2　島前　知夫村

赤ハゲ山の山頂にある展望台からは隠岐の島々はもちろん，晴れた日は遠く島根半島や大山を望むことができる。→ P.100

島後

島前

面積は島前3島の2倍以上！
隠岐諸島最大の島

島後（どうご）NAVI

島前3島と同じく火山活動を経てできた島後。
島の中央部には500m級の山々が連なり、
ほぼ円形の海岸線沿いを中心に見どころが点在する。

島で～た

人　　口	約1万3600人
	（2023年）
面　　積	242.95km²
周　　囲	約211km
最高地点	608m

ローソク島

夕日が奇岩に重なるとローソクがともったように。海上から遊覧船で見ることができる。

ローソク島

空峰山

崎山▲　　　岳山▲

重栖港

高尾山▲　　愛宕山

五箇（ごか）

島の北西部、玄関港の西郷の真裏に位置する。島後を代表する景勝地・ローソク島を擁する。

五箇 P.66　　北山

485

44

P.66

横尾山▲

壇鏡の滝

壇鏡の滝

大峯山▲

舟小屋群

杉皮葺きの屋根の、いわば船のアパート。かつての漁村を彷彿とさせる風景が残る。

寺山▲

44

高田山▲

壇鏡の滝（だんきょう）

壇鏡神社の裏手にある、屏風のようにそそり立つ崖から注ぎ落ちる滝。その水は古くから「勝ち水」と呼ばれ祭事で重用された。

N

舟小屋群・

0　　　　　　2km

316

島後への行き方・詳しくはP.122

飛行機

出雲空港から隠岐の島町の隠岐世界ジオパーク空港まで約30分。伊丹空港からは約50分。

フェリー

島根県の七類港、鳥取県の境港から約2時間30分。島前経由と島後経由の便がある。

高速船

高速船レインボージェット（ジェットフォイル）が運航。七類・境港から所要約1時間。

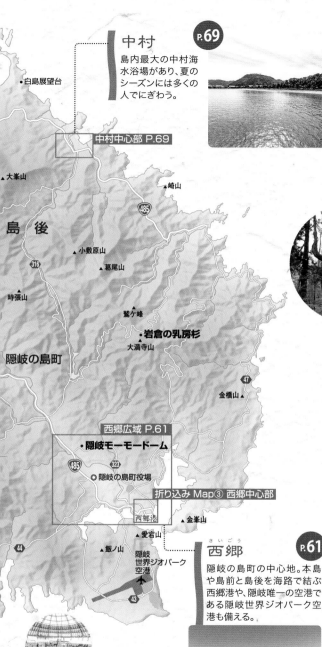

中村 P.69

島内最大の中村海水浴場があり、夏のシーズンには多くの人でにぎわう。

中村中心部 P.69

・白島展望台

大峯山▲

▲崎山

島後

（485）

（316）

・小敷原山
・葛尾山

時張山

鷲ケ峰

・岩倉の乳房杉

大満寺山

隠岐の島町

（47）

金橋山▲

白島展望台

島後最北端の海岸には長い年月による風化や海食によって生み出された絶景が広がる。

岩倉の乳房杉

樹齢約800年になる神秘的な巨大杉。根や枝が垂れ下がりながらも天に伸びる姿は生命の象徴のよう。

西郷広域 P.61

・隠岐モーモードーム

（485）（323）

◎隠岐の島町役場

折り込み Map③ 西郷中心部

西郷港

・金峯山

▲愛宕山

（44）

▲飯ノ山

隠岐世界ジオパーク空港

（43）

隠岐モーモードーム

隠岐伝統の牛突きを観光用に手軽に観戦できる。目の前で巨大な牛がぶつかり合う様子は迫力満点。

西郷 P.61

隠岐の島町の中心地。本島や島前と島後を海路で結ぶ西郷港や、隠岐唯一の空港である隠岐世界ジオパーク空港も備える。

気になる

ベーシックインフォメーション Q&A

Q 宿泊施設は充実している?

A 宿泊施設が充実しているのは西郷港周辺。ビジネスホテルから旅館、民宿などが密集し、旅のスタイルに合わせて選ぶことができる。その他のエリアは民宿をメインとしつつ、リゾートホテルやゲストハウスなど個性の光る施設も点在する。

Q 島内の移動手段は?

A 路線バスもあるが本数が少なく最終便も早いため、より自由な旅を望むならやはりレンタカーが必須。時間に限りがある場合は観光名所を効率よく巡ることのできる観光タクシーの利用も検討したい。また西郷の観光協会ではE-bikeのレンタルもあるので有効活用しよう。

Q 食事や日用品の買い物の利便性は?

A 宿泊施設同様、食事処が充実しているのは西郷周辺。郷土料理のみならず、居酒屋やカフェなども軒を連ねる。西郷以外では飲食店自体がごく限られるため、営業時間も含め事前にアテを探しておいたほうが無難だ。日用品は個人商店のほか西郷には大型のドラッグストアもあり、たいていのものは揃う。

水の上から町をご案内します

ハヤッショメ ヤッショメ♪

かっぱ伝説の残る町を
船頭さんの案内でゆるゆる探検

かっぱ遊覧船

古くから北前船で栄えた港町、西郷。
西郷の地理と歴史と伝説を探る旅をスタート！

水上から町を見れば
いろんなものが見えてくる

かっぱ遊覧船
原田莱由子さん

東西約5kmに広がる西郷港。江戸から明治にかけて、北前船の風待ち港としておおいに栄えたという。そんな西郷の歴史と地理を一度に知ることができるのがこの遊覧船だ。まずは西郷港を探検。白っぽいアルカリ流紋岩の岸壁や、船でしか行けない川沿いに立つ神社は隠岐ならではの光景だ。1977年に完成した西郷大橋をくぐり西郷湾の西側を遊覧したあとは、放水路を抜け、かっぱ伝説の残る八尾川へ。船頭さんの名調子もおもしろく、乗船後は西郷により親しみがもてるはずだ。

もっと知りたい！
かっぱ伝説

昔、唐人屋久兵衛がきゅうりを盗みに来るかっぱをつかまえこらしめ、二度と悪さをしないと約束させた。それ以来、川に入るときは「唐人屋の子供だ」と名乗るのが決まり。そうすると川でおぼれないという。

うっかりきゅうりを盗んだばかりに大変なことに！？

八尾川沿いに商店街がせり出す独特の町並み

スケジュール

所要時間	体力レベル
約45分	🚶🚶🚶

9:45 ポートプラザ　フェリーターミナル出発

徒歩5分

ポートプラザに集合し、船頭さんの案内で船乗り場へ。乗り場までの道中も西郷の町の歴史などの話をしてくれて楽しい。

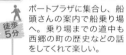
かっぱ遊覧船のボードが目印

10:00 船に乗り換え西郷漁港を出発

船で15分

多くの漁船が係留された西郷港を離れ、間口と呼ばれる西郷港の玄関口まで進む。海から見ると風待ち港の機能を果たした独特の地形がよくわかる。

橋のたもとから船で出発

10:15 西郷大橋の下をくぐる

船で5分

海岸沿いに咲く季節の花々を眺めながら、真っ赤な西郷大橋をかすめて湾の奥へ。川の氾濫を防ぐために昭和初期に作られた放水路を抜ける。

空港と市街地を結ぶ西郷大橋

10:20 船の給油所を発見！

船で10分

自然豊かな八尾川のほとりではカワウなどの野鳥が観察できる。ガソリンスタンドの裏には船の給油所が。そんな気づきも船に乗っているからこそ。

島ならではの光景

10:30 かっぱ淵でかっぱを探そう！

かっぱのすみかだといわれるかっぱ淵には神秘的な雰囲気が漂う。水神様を参拝したら川沿いのレトロな町並みを眺めながらスタート地点へ戻ろう。

川に祀られる水神様

(一社) 隠岐の島町観光協会
MAP 折り込み③C3　**所要** 約45分　**交** 西郷港から徒歩2分　**住** 隠岐ポートプラザ1階集合　**☎** (08512)2-0787　**時** 10:00〜、13:45〜、15:45〜　**料** 大人1500円、子供750円、西郷港まち歩き(所要45分)とセットで大人1800円、子供1000円　**休** 11〜3月　**駐車場** なし　**予約** 必要

きゅうりを盗んだかっぱに怒った久兵衛はかっぱの腕を落とし、押し入れに隠した。腕を返してほしいかっぱは、毎晩泣きながら久兵衛のもとを訪れ懇願。久兵衛は腕を返す代わりに、二度と野菜を盗まないこと、そして唐人屋の子供たちが川で遊んでいるときに足を引っ張らないよう約束させたとか。

5つのコースがあるよ

漁港の製氷場

北前船で栄えた港町の面影求めて
八尾川周辺をぐるりお散歩

西郷まち歩き

隠岐生まれのガイドさんの案内で、
港町西郷の歴史散策に繰り出そう。

栄華を極めた当時の痕跡を求めて

ふるさと案内人の会
鳥井光文さん

西郷港を出発し、八尾川沿いをぐるっと散策。漁船が係留される川沿いは、川を挟んで片方が漁師の住まい、反対側が商店街。川沿いにせり出したテラスはかつての船着き場の名残だ。かつての歓楽街や出雲大社の分院、島娘が願掛けに訪れた寺を巡りながら、おおいににぎわった西郷の町に思いをはせよう。

出雲大社境内にある明治20年に建てられた石灯籠

もっと 知りたい！

隠岐しげさ節

江戸時代半ばから明治30年頃にかけて北前船の寄港地として栄えた隠岐。北前船は商品のみならず全国各地の民謡ももたらした。隠岐しげさ節はその代表格。新潟県柏崎の盆唄がもとで、歌詞を変えて島独自の民謡となった。

港にしげさ節の碑が立つ

八尾川沿いを歩いて町の変遷を知ろう

スケジュール

所要時間	体力レベル
約35分〜	🚶🚶🚶

11:00 町歩きスタート

徒歩3分

島の玄関口・西郷港からスタート。西郷湾は入江が深く嵐の影響を受けない天然の良港。現在も朝夕は出入りする漁船でにぎわう。

写真やイラストを駆使して解説

11:10 出雲大社の分院へ

徒歩2分

西郷にある出雲大社の分院は縁結びで有名。かつては間近まで海で、境内の石灯籠は船の往来を見守る灯台の役目を果たしていたそう。

島民が恋愛祈願に訪れる

11:20 81日間の自治を勝ち得た隠岐騒動

徒歩3分

江戸末期、松江藩の郡代を島から退去させ、わずか81日間だが隠岐は独立国になったことがある。島民が自力で自治を得た貴重な歴史だ。

島民が決起した記念の碑

11:35 水祖神社へ参拝

徒歩5分

水にまつわる神様と菅原道真を祀る天神様が同居する。そのため鳥居もふたつあるのが特徴。1500年以上前に創建された由緒正しい神社だ。

通りを曲がるともうひとつ鳥居が

11:45 八尾川の風景を眺める

かつて北前船で栄えた八尾川。当時運ばれてきた荷物は川からそれぞれの蔵に運び込まれ、今も川岸には階段が残っている。

当時に思いをはせてみて

（一社）隠岐の島町観光協会
MAP 折り込み③C3 所要 約35〜140分（コースにより異なる） 交 西郷港から徒歩2分 隠岐ポートプラザ1階集合 ☎ (08512) 2-0787 諸 要問い合わせ 料 大人500〜3000円（コースで異なる） 休 なし 駐車場 なし 予約 要予約

voice 藤原金市は熱心なクリスチャンで、博愛の人だったという。八尾川に架かる「愛の橋」の由来は、金市が常に道標としていた聖書「汝の隣人を愛せよ」という言葉から。現在の橋は昭和31年に作られたものだが、老朽化が進み、2023年4月現在は通行不可。

船からしか見ることのできない
海上にともる巨大なローソク

ローソク島遊覧船

島後を代表する景色のひとつローソク島。
いくつもの自然条件が重なって生まれた奇跡の光景

船長さんの巧みな操縦で
ローソクに火がともる

　海上に浮かぶ巨大な岩、ローソク島。実際にこの岩を見ると、芯に見える突起まで本当にローソクのようで自然のものとはにわかには信じがたい。長い歳月をかけてこのような形に造り上げた自然の粋に感服だ。

　サンセットに合わせて重栖港（おもす）から遊覧船に乗り15分。いよいよその時が来た。赤く燃える太陽が見事にともり、遊覧船から歓声が上がる。千金に値する、わずか数分の奇跡の絶景。船の乗り場までの送迎はないので、レンタカーが便利だ。

もっと知りたい！
ローソクがともる
確率は69%ほど
ローソク島に火がともるにはまず晴れていることが条件となる。そのため見事ローソクがともる確率は69%程度といわれている。海が荒れると船が欠航となることもあるので、見られたらラッキーくらいの気持ちで臨もう。

火がともれば絶景だ

福浦岸壁の遊覧船待合所

（一社）隠岐の島町観光協会
MAP P.66A2　**交** 西郷港から車で約40分　**料** 大人3000円、小学生1500円　**☎** (08512) 2-0787　**時** 日没の時間に合わせて出発（当日確認）　**休** 12〜3月中旬　**予約** 必要　**駐** あり

スケジュール

所要時間	体力レベル
約50分	🚶🚶🚶

ローソクがともった☆

16:45　出航の30分前に港に集合
乗り場は五箇の福浦岸壁と赤崎岸壁の2ヵ所。乗船する船によって出発地が変わる。乗船手続きが必要になるので、少し早めに到着しよう。

指定された船を探そう

↓ 船で20分

17:00　出航！奇岩を眺めながらクルージング
海風を受けていざ出航。海岸線には高い所で100mにもなる断崖が。アルカリ流紋岩の地層が織りなす独特の景観を楽しもう。

夕日に照らされ輝く

↓ 船で5分

17:20　ローソク島に到着。日没までもう少し
ローソク島付近に到着。まずは西日に照らされるローソク島を観賞。間近まで近づくと想像よりも巨大なその姿に驚かされる。

間近で見るととっても巨大！

↓ 船で10分

17:25　時間まで付近の奇岩を観賞
太陽が傾く時刻までしばし待機。付近の岩も浸食により不思議な形に削られている。浸食で今のようなローソクの形になったのには驚くばかりだ。

間をすり抜けたい！

↓

17:35　見事ローソクがともった！
時は満ち、いよいよクライマックス！　船長が熟練の舵さばきでローソクに見えるよう絶妙な位置に船を移動する。そして見事、ローソク島に火がともった！

自然の造形に感動！

VOICE ローソク島遊覧船乗り場は重栖港の福浦岸壁と赤崎岸壁の2ヵ所あり、どちらの乗り場になるかは当日決まる。必ず事前に観光協会へ問い合わせよう。福浦岸壁には2018年に待合所が新設。トイレも完備されより快適になった。

行き先も楽しみ方もアナタ次第

E-bike

電動アシスト機能付きの自転車で爽快なツーリングはいかが？　レンタカーでの移動とは異なり土地との距離が近いのも魅力。目的地に向かう途中にある集落に立ち寄れば、島のリアルなローカルに触れ合えるだろう。3時間〜1泊2日までのレンタルプランがあり、荷物預かりにも対応している。

左／ヘルメットを着用して安全に楽しもう　右上／スタイリッシュなスポーツタイプ。身長制限（159cm以上）にご注意を　右下／手元のスイッチで簡単にアシストレベルや表示モードを操作できる。チェーンロック付き

> （一社）隠岐の島町観光協会
> **MAP** 折り込み③C2　🚶 西郷港すぐ　🏠 隠岐の島町中町目貫の四61（隠岐ジオゲートウェイ1階）　☎ (08512)2-0708　💴 3時間2600円〜（保険料込）　🕐 8:00〜18:00　休 なし　駐車場 なし　予約 不要（ハイシーズンは予約推奨）

隠岐伝統の闘牛の牛と仲よくなろう

突き牛さんぽ体験

隠岐伝統の闘牛である牛突きのために育てられた突き牛は、体を鍛えるため毎朝夕の散歩が日課。牛飼いの気分になって毎日のルーティンを体験してみよう。巨体を揺らしながら散歩する突き牛はとっても気持ちよさそう。リクエストすれば浜辺を散歩させることもできる。

ボクを散歩に連れてって♪

左／ブラッシングや餌やりも体験できる　中／筋骨隆々の巨体を間近に見るまたとないチャンス　右／角を木に押し当てて研ぐ姿も

> 隠岐旅工舎　所要 約1時間　🚶 西郷港から車で約25分　🏠 隠岐の島町都万　☎ (08512)2-7100　🕐 7:00〜8:00または16:00〜17:00開始（集合場所は予約時に確認）　💴 1組4000円（1〜5名）　休 不定休　予約 必要

カラフルな貝で色紙作り

ヒオウギ貝の創作体験

赤、紫、黄色、オレンジなどの色がかわいらしい、ヒオウギ貝を使ってオリジナルの色紙を作ろう。まずは構図を決めて鉛筆で色紙に下書き。そこに接着剤を塗ってヒオウギ貝をちりばめていく。隠岐で撮った思い出の写真を貼ってオリジナルフォトフレームにしても。

こんなに小さな貝

完成！

ふるさと案内人の会
吉岡陽子さん

ステキな色紙を作ってね♪

コツは接着剤を塗ってから貝を貼ること。できあがったらしっかり乾かして

> （一社）隠岐の島町観光協会
> **MAP** 折り込み③C3　所要 約45分　🚶 西郷港から徒歩約2分　🏠 隠岐ポートプラザ2階　☎ (08514)2-0787　💴 1500円　休 なし　駐車場 なし　予約 必要

voice 突き牛さんぽ体験を催行する都万地区では、「お都万みトリップ」と題した島の暮らしや仕事を体験できる各種アクティビティを用意している。詳細は隠岐の島町観光協会HP（https://oki-dougo.info/data01/room/broom/event_otsumami.html）

隠岐最古の木造住宅でかつての暮らしを追体験

佐々木家住宅

天保7（1836）年建造の国指定重要文化財、佐々木家住宅。
趣きのある木造住宅で、土地の文化に触れよう！

隠岐の伝統文化を
見に来てね！

上手の座敷は
貴賓室に

左／鍵座敷と呼ばれるL字型
の間取りで、床の間が土間と
相対しないようになっている
右／島後の民家で唯一現存す
る杉皮葺きの屋根。3枚重ね
の杉皮を約630個の石と竹で
押さえている

佐々木家住宅
徳畑 登さん

当時の農機具を
展示。昔の人々
の知恵に感服！

幅はおよそ
36cm！

大黒柱は馬
をつなぐの
にも使われ
たという

佐々木家住宅
ささきけじゅうたく

3つの入口をもつ、釜地区の豪邸

　島後には隠岐造りと呼ばれる江戸時代までの形式を残す民家がいくつか現存している。東海岸の釜地区にある佐々木家もそのひとつで、国の重要文化財に指定されている建造物だ。佐々木家は代々庄屋で、建築には東郷村の大工、覚重郎らが関わった。当時のべ553人を動員し建てたというから、いかに佐々木家が裕福だったかがわかる。3つある入口が特徴的。いちばん上手が「表玄関」で僧侶や貴人の出入口、次が「中戸口」で少し上位の客人、最後が「大戸口」で一般の人々が利用したという。内部は複雑な造りになっており、調度品や当時の作業具が展示されている。

MAP 折り込み②C3　**交** 西郷港から車で約10分　**住** 隠岐の島町釜カス谷17
電（08512）2-1290　**時** 9:00〜17:00　**料** 大人300円（中学生以下無料）
休 12〜2月　**駐車場** あり

56

voice 佐々木家は庄屋なので、家財道具を守るための仕掛けが随所にある。カモフラージュの茶ダンスや屋根裏もそのひとつ。まるで忍者屋敷を見るようだ。ぜひ家中を案内してもらおう。佐々木家は昭和期の29代までこちらの住宅で暮らしていた。

隠岐酒造見学

島唯一の酒造所見学＆試飲

名水百選に選定された湧水に恵まれた隠岐の島。
冬の日本海を吹き抜ける冷たい風を味方に、日本酒、焼酎、リキュールを製造する。

隠岐の食事にぴったり！

隠岐酒造

チャレンジし続ける酒造所

　昭和47（1972）年に中小企業近代化促進法に基づき5つの醸造所が合併して設立された隠岐酒造。現在は隠岐唯一の酒造所だ。日本酒をメインに焼酎、リキュールなどを製造する。食事に合う日本酒をモットーに、8割以上を島根県産米を使用。特に最近は、江戸時代の醸造方法を再現した江戸の純米酒を製造するなど、意欲的な取り組みも多い。見学ではまず日本酒の製造工程順に移動しながら説明を受ける。その後、お楽しみの試飲タイムだ。

ワンカップもあるよ！

10キロリットルの貯蔵タンクが並ぶ

焼酎いそっ子をホワイトオークで6年以上寝かせた古酒「わだつみの精」

消費は島内6割、島外4割。9割が島根県内で消費される

🗺 MAP P.61A1 　🚗 西郷港から車で約10分
🏠 隠岐の島町原田174 　📞（08512）2-1111
🕐 ①9:30～10:30開始 　②13:00～13:30開始　③15:00～15:30開始
💴 1500円（おみやげ付き） 　🈺 日・祝日、11～3月不可 　📋 必要（2週間前までに要予約、最大10名まで） 　🅿 あり
※見学可能時期であっても都合により見学不可の場合あり

隠岐誉　純米大吟醸
さわやかな香りと爽快な酸味
720ml
3300円
16度

隠岐誉　純米酒
さわやかな香りとキレのよい酸味とうま味
720ml
1485円
15度

隠岐誉　江戸の純米酒90
シェリー酒のような口当たり
720ml
1760円
15度

隠岐　結結
油井のはっさくと純米焼酎のりキュール
720ml
1650円
7度

長期熟成海藻焼酎　いそっ子
海藻と米を原料に長期貯蔵
720ml
1485円
25度

完熟海藻焼酎　わだつみの精
「いそっ子」を樽で完熟
720ml
2970円
40度

voice＜　小泉八雲（ラフカディオ・ハーン）は日本の滞在中、日本酒を満喫したようだ。友人に宛てた手紙の中で「日本酒は食事とよく合い、シェリー酒のようなインパクトがあるが口当たりまろやかだ」と書いている。その酒を目指して作られたのが「江戸の純米酒」だ。

57

巨体がぶつかり合い大迫力。
どちらかが逃げ出すまで試合は続く

800 年の歴史をもつ隠岐の伝統行事を観戦！

一夜嶽牛突き大会
いちやがだけうしづ

隠岐伝統の「牛突き」。一夜嶽牛突き大会は、秋の終わりに五箇地区で開催される一夜嶽神社の奉納行事だ。

山の奥に作られた牛突き場に
島民が詰めかける一大イベント

　隠岐で牛突きが始まったのは、承久 3（1221）年のこと。後鳥羽天皇が牧畑でツノを突き合わす牛を見て喜ばれたことから、天皇をお慰めするために始まったといわれている。以来島民の娯楽として全島で行われてきたが、現在残るのは島後のみ。年 3 回の大会には 1000 人を超える島民が集まり、熱戦が繰り広げられる。隠岐の牛突きの特徴は、綱取りが巧みに牛を操り闘わせること。そのため、綱取りと牛の阿吽の呼吸が大切だ。

も−！

左／取り組みの番付表
右／今か今かと出番を
待つ牛

上／町をあげてのイベント。地元の名士も集まる　中左／地元の牛飼いの登場　中右／昨年の優秀牛の登場。威厳に満ちた風貌だ　下／取り組み前には子供たちの出し物がある

一夜嶽牛突き場
MAP P.66B1
交 西郷港から車で約30分
駐車場 あり

voice 牛突き本場所が行われるのは、8 月 15 日の夏場所、9 月上旬の八朔の牛突き、10 月中旬の一夜嶽牛突きの年 3 回。この時期に隠岐の島に滞在していたらぜひ見てみたい。夏場所は隠岐モーモードーム、八朔は都方、一夜嶽は五箇の牛突き場で行われる。

1000人近くの観客が集まる

時間制限なしの真剣勝負

　本場所の牛突きの特徴は、時間制限なし、どちらかが逃げ出すまで試合が続くことだ。長い取り組みになれば1時間以上。体力、気力の限界に挑む牛と綱取りの熱戦が繰り広げられる。勝った牛は横綱として敬意が払われるが、負けた牛は売られるか、肉用牛としての道を歩むことになる。800年の歴史をもつ牛突き、ぜひ一度生で観戦を!

牛も飼い主も気合い十分で登場! 最大900kgを超える牛同士の迫力ある一戦は一見の価値あり

もーー!

地元の子供たちも観戦に来る

牛さんがんばれーー!

戦意を失って逃げ出したほうの負け

すべての取り組みが終わると表彰式が行われる

牛突きを気軽に見るならここへ

観光牛突き(隠岐モーモードーム)

迫力の牛突きを町なかで見られる!

　隠岐伝統の牛突きを気軽に見られるのがモーモードームで行われる観光牛突き。ここでの取り組みはすべて引き分け。実は、本場所でも若い牛同士の取り組みは、引き分けになるよう決められているのだ。しかし目の前で巨大な牛がぶつかり合う様子は迫力満点。試合が終われば、牛との記念撮影タイムが設けられている。

屋内牛突き場なので雨の日でも安心

牛突きのあとは牛さんと記念撮影も♪

観光牛突き(隠岐モーモードーム)
MAP P.61A1　**交** 西郷港から車で約10分　**住** 隠岐の島町池田風呂前19　**電** (08512)2-0787(隠岐の島町観光協会)　**時** 開催日時は要問い合わせ　**料** 大人1500円、小人750円　**予約** 不要　**駐車場** あり

VOICE　牛突きは2022年に23年ぶりに海士町で開催された。2021年は、後鳥羽天皇が隠岐に配流されて800年という記念の年。配流された後、亡くなるまでの19年間の間にさまざまな文化を島にもたらした天皇をしのんで、隠岐神社で壮大に執り行われた。

ワイワイ楽しみたい人ものんびりと過ごしたい人も

おすすめビーチガイド

塩浜海水浴場　しおはまかいすいよくじょう

西郷から近く
人気のビーチ

西郷港から近く、きれいな海を求めて県内外から多くの利用客が訪れる人気の海水浴場。

MAP 折り込み②C4
🚗 西郷港から車で約20分

👫🚿👫🏪🅿

中村海水浴場　なかむらかいすいよくじょう

島内で最も広い砂浜でファミリー客にも人気。隣接するさざえ村で食事も取れる。

MAP P.69B1
🚗 西郷港から車で約30分

砂の細かさなら
島内一！

👫🚿👫🏪🅿

春日の浜海水浴場　かすがのはまかいすいよくじょう

布施地区にある海水浴場。駐車場からも近いわりに穴場的存在でゆっくり楽しめる。

MAP 折り込み②C2
🚗 西郷港から車で約40分

👫🚿👫🏪🅿

福浦海水浴場　ふくうらかいすいよくじょう

ローソク島遊覧船も発着する五箇地区にあり、湾内のため波も穏やか。温水シャワー付き。

MAP P.66A2
🚗 西郷港から車で約40分

👫🚿👫🏪🅿

まだある！アクティビティリスト

アウトドア、文化体験ともにさまざまなアクティビティが楽しめる隠岐。アクティビティ内容と予約のポイントを紹介。

ポイント1
日程が決まったら早めに予約
シーズン中は特にアウトドアアクティビティが混み合うため、日程が決まったら早めに問い合わせを。また、催行する最少人数も聞いておこう。

ポイント2
移動手段を確認
ツアーが現地集合の場合、集合場所までの移動手段を確認しておこう。送迎が可能な場合もあるが、自分で現地まで行かなくてはならない場合もある。

ポイント3
支払いは当日現金で
ほとんどの場合、ツアー代金は当日現金で支払う。できるだけおつりがないよう準備しておこう。領収書が必要な場合は事前にお願いしておく。

		アクティビティ名	所要時間	料金	催行会社	電話番号	URL
隠岐の島町	文化体験	島めぐりツアー	4時間〜	1万円(4時間)/1万5000円(8時間)※各10名まで	風待ち海道倶楽部（吉岡）	090-6835-7458	
			約4時間	8000円(3名まで)／1万円(4〜10名まで)	ふるさと案内人の会（受付 隠岐の島町観光協会）	(08512)2-0787	
		隠岐民謡体験	約1時間	1万5000円	隠岐の島町観光協会	(08512)2-0787	
		黒曜石や片麻岩でストラップ作り	45分	1500円	ふるさと案内人の会（受付 隠岐の島町観光協会）	(08512)2-0787	
		ヒオウギ貝の創作体験	45分	1500円	ふるさと案内人の会（受付 隠岐の島町観光協会）	(08512)2-0787	
		そば打ち体験	約1時間	2200円	そば工房おみ	(08512)5-2228	
	アウトドア	シーカヤック	約1時間30分	3000円	隠岐の国ダイビング	(08512)6-3241	http://fish.miracle.ne.jp/oki-dv/
			約1時間	2500円〜	隠岐ジオパークツアーデスク	(08512)6-2050	
		体験ダイビング	約3時間	1万3000円	隠岐の国ダイビング	(08512)6-3241	http://fish.miracle.ne.jp/oki-dv/

Voice〈 隠岐の海の透明度の高さは折り紙付き。大自然に囲まれた海を目当てに夏のシーズンには県内外から多くの海水浴客がやってくる。なかでも隠岐の島町は設備の充実した海水浴場が多い。

西郷
（さいごう）

島の玄関口として汽船の発着する西郷港。明治まで風待ち港として栄えた西郷の町は、今も当時の風情を残す。

観る・遊ぶ

歴史ある町を散策、足を延ばせば玉若酢命神社も

西郷港の周辺は八尾川沿いに昔の町並みが残り、散策が楽しい。この町の歴史や地理を知りたいならば「かっぱ遊覧船」（→ P.52）や「西郷まち歩き」（→ P.53）に参加するのがおすすめだ。また、港から車で5分ほどの所に八百杉がそびえる玉若酢命神社があり、こちらも見どころだ。

買う

海産物加工品や隠岐汽船オリジナルグッズを

隠岐産のものならば「隠岐ふるさと直売所あんき市場」（→ P.65）へ。地元の素材を使ったお菓子や、野菜、魚介類などが並ぶ。サザエの真空パックやワカメなど加工品も多いのでおみやげ探しにも便利だ。またフェリーターミナル内の売店は、スイーツや調味料、お酒まで種類豊富な品揃え。

食べる・飲む

西郷港の周辺を中心に島の味覚が集まる

隠岐諸島随一の町とあって、郷土料理や寿司、居酒屋やバー、イタリアンやカフェなど食事の選択肢は豊富。飲食店が集まるのはフェリーターミナル周辺。徒歩圏内に店が点在するのではしごしてみるのも楽しい。漁師の町ということもあり、西郷港の付近はスナックやバーが多いのも特徴だ。

泊まる

ビジネスホテルから民宿まで選択肢は豊富

西郷港周辺は、ビジネスホテルから旅館、民宿などが密集し、旅のスタイルに合わせて選ぶことができる。港近くの「隠岐ビューポートホテル」（→ P.65）は設備が整い、快適に過ごせる。最近は旅館、民宿でも Wi-Fi の設備を導入するところが増えており、無料で利用できるところが多い。

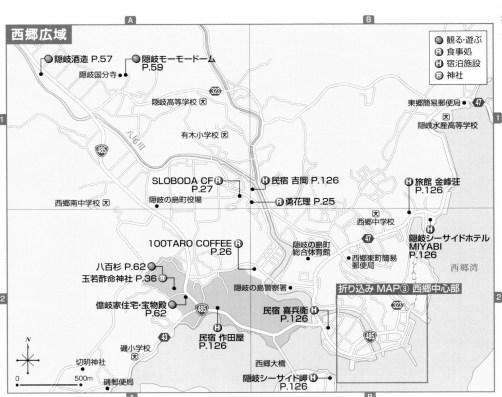

西郷広域

● 観る・遊ぶ
● 食事処
Ⓗ 宿泊施設
Ⓢ 神社

- 隠岐酒造 P.57
- 隠岐モーモードーム P.59
- 隠岐国分寺
- 隠岐高等学校
- 有木小学校
- SLOBODA CF
- 隠岐の島町役場
- 西郷南中学校
- 民宿 吉岡 P.126
- 勇花理 P.25
- 旅館 金峰荘 P.126
- 東郷簡易郵便局
- 隠岐水産高等学校
- 西郷中学校
- 100TARO COFFEE P.26
- 隠岐の島町総合体育館
- 西郷東町簡易郵便局
- 隠岐シーサイドホテル MIYABI P.126
- 八百杉 P.62
- 玉若酢命神社 P.36
- 億岐家住宅・宝物殿 P.62
- 隠岐の島警察署
- 民宿 喜兵衛 P.126
- 折り込み MAP③ 西郷中心部
- 西郷湾
- 民宿 作田屋 P.126
- 磯小学校
- 切明神社
- 西郷大橋
- 隠岐シーサイド岬 P.126
- 磯郵便局

0 — 500m

N

voice 西郷郊外にある銚子ダムは、農業用水の確保と大雨による災害防止のために造られた。ダムの周囲に露出している岩は、約2億5000万年前に形成された隠岐片麻岩と呼ばれるもの。隠岐独特の地質を見に立ち寄ろう。6〜7月は、ホタルの観賞スポットに。

61

📷 港　**エリア** 西郷中心部　**MAP** 折り込み③C2

西郷港
さいごうこう

東西5kmにわたって広がる天然の良港

　海が荒れても湾の中は穏やかなことから古くから"風待ち港"として利用された。この港のおかげで、西郷はおおいににぎわった。現在はクロマグロの幼魚、ヨコワの養殖などを行う。

🚌 西郷港からすぐ

📷 景勝地　**エリア** 西郷郊外　**MAP** 折り込み②C4

岬の爆裂火口
みさきのばくれつかこう

約55万年前にできた噴火の火口跡

　西郷湾の西側には50～100mの崖が続き、その上は緩やかな台地となっている。この崖は約55万年前のマグマ水蒸気爆発で吹き飛ばされてできたもの。フェリー乗船時のみ見られる。

🚌 西郷港から船で約5分

📷 杉　**エリア** 西郷　**MAP** P.61A2

八百杉
やおすぎ

樹齢約2000年といわれる巨木

　玉若酢命神社の境内にある島後四大杉のひとつ。樹高約38m、根元の周囲約11mと圧倒的な存在感を放つ。根元に住んでいた大蛇が生きたまま根に巻き込まれ、夜には大蛇のいびきが聞こえるという言い伝えがある。

🚌 西郷港から車で約5分　🏠 玉若酢命神社境内　🅿 あり

📷 史跡　**エリア** 西郷郊外　**MAP** P.61A2

億岐家住宅・宝物殿
おきけじゅうたく・ほうもつでん

現存する唯一の駅鈴が展示される

　代々玉若酢命神社の宮司を務める、億岐氏の住宅。宝物殿には、官吏の身分証明のために朝廷より支給された駅鈴や隠伎倉印などの貴重な史料が展示されている。

🚌 西郷港から車で約5分
🏠 隠岐の島町下西713　☎ (08512)2-7170　🕐 8:00～17:00
🈺 なし　💴 大人300円、小・中学生100円　🅿 あり

📷 公園　**エリア** 西郷郊外　**MAP** 折り込み②C4

夕日の見える丘公園
ゆうひのみえるおかこうえん

夜は漁り火が美しいデートスポット

　西郷からいちばん近い夕日スポット。高台の展望台からは島後に落ちる夕日が美しい。夜は漁り火がともり、西郷っ子たちのデートスポットになっているとか。岬の先端には灯台がある。

🚌 西郷港から車で約10分　🅿 あり

🍽 海鮮　**エリア** 西郷中心部　**MAP** 折り込み③C2

青柳
あおやぎ

隠岐の魚介類を思う存分楽しめる

　カウンターに並ぶ魚を見ながらオーダーできる。生けすから新鮮なものを提供するサザエは絶品。まるごとのイカを焼き、大根おろしと一緒にいただくイカの丸焼き（時価）は必食。お刺身盛り合わせ1800円。

上／イカの丸焼きは＋400円で定食にできる　左下／新鮮な刺身も自慢　右下／ご主人との会話も楽しい

📷 資料館　**エリア** 西郷中心部　**MAP** 折り込み③C2

隠岐自然館
おきしぜんかん

2021年リニューアルのミュージアム

　隠岐の大地の成り立ちやその不思議な生態系など、隠岐の自然について体系的に学べる。カバーのない展示物は触れてもOK。

🚌 西郷港から徒歩すぐ
🏠 隠岐の島町中町目貫61 隠岐ジオゲートウェイ2階　☎ (08512)2-1583　🕐 9:00～17:00
🈺 第2・4火曜　💴 大人500円、小・中学生250円　🅿 あり(有料)

🚌 西郷港から徒歩すぐ　🏠 隠岐の島町中町目貫の四、42-3
☎ (08512)2-0532　🕐 17:30～22:00頃　🈺 不定休　🅿 なし

VOICE　若狭からやってきた人魚の肉を食べて不老不死となった比丘尼が、玉若酢命神社を訪れたときに杉を植えた。比丘尼は800年たったらまたここに来ようと約束したことから、八百比丘尼杉と呼ばれるようになり、それが時を経て八百杉と呼ばれるようになったという。

西郷（島後）▼エリアガイド／観る・遊ぶ、食べる・飲む

居酒屋　エリア 西郷中心部　MAP 折り込み③B2

のみくいはうす DOZI
のみくいはうす　どじ

気軽に飲み食いできる居酒屋

鉄板焼きと隠岐の郷土料理が味わえる居酒屋。手頃な価格で地元の常連客も多い。隠岐で食べられる珍味ベコ（アメフラシ）550円やバイフライ1430円はぜひ。目の前の鉄板で焼く海鮮玉モダン800円はボリュームたっぷりで大満足。

上／珍味から海鮮までバラエティ豊かなメニュー　左下／ライブ感あふれるカウンター　右下／西郷港から至近

🚶 西郷港から徒歩すぐ　🏠 隠岐の島町中町目貫の四、43
☎ (08512)2-1184　🕐 17:00～23:00　休 不定休　🅿 あり

居酒屋　エリア 西郷中心部　MAP 折り込み③B3

鱗
りん

地元客もおすすめのアットホームな居酒屋

注目は黒板に書かれた本日のおすすめ料理。魚や貝は仕入れにより最もおいしい調理法で提供する。のどぐろの塩焼き1800円、サバ刺し800円など。

🚶 西郷港から徒歩3分
🏠 隠岐の島町西町八尾の一、10-4　☎ (08512)2-8234
🕐 18:00～23:00　休 不定休　🅿 なし

海鮮　エリア 西郷中心部　MAP 折り込み③B2

味乃蔵
あじのくら

毎日仕入れる新鮮な魚介が自慢

八尾川のほとりにある海鮮料理店。数種類の刺身が贅沢にのった味乃蔵丼1980円や刺身膳2200円などが人気メニュー。

🚶 西郷港から徒歩3分
🏠 隠岐の島町西町八尾の一、16　☎ (08512)2-3975　🕐 11:00～14:00(L.O. 13:30)、17:30～22:00(L.O. 21:30)　休 月曜　🅿 あり

イタリアン　エリア 西郷中心部　MAP 折り込み③B2

POMODORO
ぽもどーろ

米粉のピザが絶品の島唯一のイタリアン

藻塩米の米粉を使ったピザ生地が美味。シーフードピザは2145円。ご主人は明治から続く写真館の4代目で店内には隠岐の貴重な写真が飾られている。

🚶 西郷港から徒歩約5分
🏠 隠岐の島町西町39　☎ (08512)2-3015
🕐 11:00～14:00、18:00～22:00　休 水曜　🅿 なし

海鮮　エリア 西郷中心部　MAP 折り込み③C3

フィッシャーマンズ・ワーフ隠岐
ふぃっしゃーまんず・わーふおき

港近くで味わえる隠岐海鮮グルメ

特上海鮮丼2200円など隠岐近海でとれた新鮮な魚だけを提供。サザエの壺焼きや刺身、天ぷらにアラメを添えたさざえ丼1650円も通年で味わえる。

🚶 西郷港から徒歩すぐ　🏠 隠岐の島町中町目貫の四、58　☎ (08512)2-6600　🕐 11:00～14:00(L.O.13:00)、18:00～21:00(L.O.20:00)　休 水曜　🅿 あり

ダイニングバー　エリア 西郷中心部　MAP 折り込み③B2

SEANO
しーの

あえて島を意識しない多国籍料理

島だからって魚ばっかりじゃつまらないと冷やしゃぶサラダ920円、大根もち500円など、ジャンルに限らずシェフ自作を用意。

🚶 西郷港から徒歩すぐ
🏠 隠岐の島町西町八尾1-1
☎ (08512)2-6015　🕐 18:15～22:00　休 日曜
🅿 なし

カフェ　エリア 西郷中心部　MAP 折り込み③C2

グリーングラス
ぐりーんぐらす

ボリュームたっぷりのモーニングが人気

8:00～10:30に提供されるモーニングはサラダ、卵、パスタ、パン、コーヒーが付いてボリュームたっぷり。ランチタイムはカレーやピラフなどが注文できる。

🚶 西郷港から徒歩すぐ
🏠 隠岐の島町中町目貫の四、53-2　☎ (08512)2-0348
🕐 8:00～17:00　休 不定休　🅿 あり

隠岐牛が味わえるのは勇花理ですが、西郷港からちょっと遠くタクシーじゃないと不便。西郷中心部にある酔仙は、隠岐牛こそありませんが、リーズナブルでおいしいお肉がいっぱいいただけました。やっぱり肉！という人にはおすすめ。（東京都／ゆかりんさん）

カフェ 月あかりカフェ
エリア 西郷中心部　**MAP** 折り込み③A1
つきあかりかふぇ

愛の橋商店街のコミュニティスペース

　秀月堂の黒川さん（→P.38）が観光客、地域の人々が集まれる場所をと作ったカフェ。八尾川を眺めながらお茶やお菓子を楽しもう。

🚶 西郷港から徒歩約10分
🏠 隠岐の島町西町八尾の三、45　☎ (08512)2-0433
🕐 13:00 ～ 16:00　🈺 日～水曜　🅿 あり

カフェ マスヤ
エリア 西郷中心部　**MAP** 折り込み③C2
ますや

日中は喫茶店、夜はスナックのディープな店

　朝から仕事帰りの漁師たちが訪れ、ビールを片手に楽しむ姿が見られるディープな店。モーニングは 550 円。夜はスナックになる。

🚶 西郷港から徒歩すぐ
🏠 隠岐の島町中町目貫の四、30　☎ (08512)2-2503　🕐 カフェ 7:30～16:00、スナック19:00 ～ 24:00　🈺 木曜(カフェ)、日曜(スナック)　🅿 あり

カフェ Café BLANC
エリア 西郷中心部　**MAP** 折り込み③C2
かふぇ ぶらん

フェリーターミナル内のカフェ

　五箇地区で農家カフェを営むラ・シガル・カフェが展開するカフェ。コーヒーやサンドイッチのほか、同社が開発する隠岐放牧牛のカレーが味わえる。

🚶 西郷港フェリーターミナル内　☎ (08512)3-1020
🕐 7:30 ～ 16:00　🈺 水曜　🅿 なし

和菓子 秀月堂
エリア 西郷中心部　**MAP** 折り込み③A1
しゅうげつどう

昭和 28 年創業の老舗和菓子店

　商店街にあり地域に根づいた和菓子店。隠岐の島特産のサザエを模した「さざえ最中」(5 個 850 円)はおみやげにも大人気。トーストすれば "焼きサザエ"に。

🚶 西郷港から徒歩約10分　🏠 隠岐の島町西町八尾の三、65-4
☎ (08512)2-0433　🕐 8:30 ～ 19:00　🈺 不定休　🅿 あり

雑貨 京見屋分店
エリア 西郷中心部　**MAP** 折り込み③A1
きょうみやぶんてん

島根生まれの雑貨がずらり

　隠岐をこよなく愛するご夫婦が営む雑貨店。店内にはメイドイン隠岐＆島根のアクセサリーや雑貨をはじめ、オーナーの趣味であるアウトドア用品も。奥にはビアスタンドも設けられ、隠岐や県内外各地のクラフトビール 770 円を楽しめる。

上／店内にしゃれた雑貨が並ぶ　左下／島根・石見のクラフトビール　右下／オーナー夫妻とのおしゃべりも楽しい

🚶 西郷港から徒歩約10分　🏠 隠岐の島町西町八尾の三、81　☎ (08512)2-0425　🕐 10:00 ～19:00(L.O.18:30)
🈺 火曜　🅿 あり

パン屋 木村屋
エリア 西郷中心部　**MAP** 折り込み③A1
きむらや

カステラパンは西郷の子供たちのソウルフード

　西町商店街にある、レトロな外観が愛らしい家族経営のパン屋。地元スーパーへの卸がメインだが店舗で購入も可能。朝 10 時頃が品揃え豊富で狙い目だ。

🚶 西郷港から徒歩約7分
🏠 隠岐の島町西町八尾の二、72　☎ (08512)2-0072　🕐 7:30 ～ 19:00(売り切れ次第終了)　🈺 不定休　🅿 あり

パン屋 Mam's Bakery
エリア 西郷中心部　**MAP** 折り込み③B2
まむず べーかりー

食欲そそる焼きたてパンの香り漂う

　自分の子供が安心して食べられるパンを作ったことがきっかけ。天然酵母を使ったパンは、香りよくしみじみと味わい深い。営業日は事前に確認して。

🚶 西郷港から徒歩約5分
🏠 隠岐の島町西町八尾の一、8-1　☎ 090-6833-1404
🕐 12:00 ～18:00(売り切れ次第終了)　🈺 土・日曜、祝日　🅿 あり

Voice かつては職人の町、商人の町としてにぎわった西郷の中通り。商店はかなり少なくなってしまったものの、木村屋、秀月堂、毛利酒店、京見屋分店などが、今でも元気に営業している。当時の面影を求めて町を歩いてみよう。

産直品　エリア 西郷中心部　MAP 折り込み③B3

隠岐ふるさと直売所あんき市場
おきふるさとちょくばいじょあんきいちば

朝どれの野菜や加工品を販売

地元の農家から直送された朝どれの野菜や卵等を販売。隠岐の藻塩米や調味料、日本海でとれた新鮮なトビウオ（あご）のだしなど、島産にこだわる。

🚶 西郷港から徒歩すぐ　🏠 隠岐の島町西町八尾の一、48-11　☎ (08512)2-8633　🕐 9:00～18:00　休 なし　カード 可　駐車場 あり

海産物　エリア 西郷中心部　MAP 折り込み③C3

フィッシャーマンズ・ワーフ隠岐
ふぃっしゃーまんず・わーふおき

全国発送に対応した鮮魚＆加工品のみやげ店

2階レストラン（→P.63）と同経営のみやげ店。ショーケースには新鮮な魚介が並び、冬の味覚・松葉ガニも購入可能。水産加工品のみやげも多く取り扱う。

🚶 西郷港から徒歩すぐ　🏠 隠岐の島町中町目貫の四、58　☎ (08512)2-6600　🕐 7:30～15:30　休 水曜　カード 可　駐車場 あり

おみやげ　エリア 西郷中心部　MAP 折り込み③C2

隠岐汽船商事西郷売店
おききせんしょうじさいごうばいてん

おみやげからお酒、雑貨まで揃い便利

フェリーターミナル1階にあり、出発前のおみやげ探しに便利。お菓子や調味料などたいていのおみやげは揃うほか、隠岐汽船のオリジナルグッズも人気。

🚶 西郷港フェリーターミナル1階　☎ (08512)2-3429　🕐 7:30～17:30（高速船出航時まで）　休 なし　駐車場 なし

酒屋　エリア 西郷中心部　MAP 折り込み③A1

毛利酒店
もうりさかてん

店の前にはかつての酒蔵が

創業100年という商店街の老舗酒店。かつては店の前に酒蔵があったという。女将さんはおしゃべり好き。かつての島の暮らしを尋ねてみよう。

🚶 西郷港から徒歩約10分　🏠 隠岐の島町西町八尾の三、46　☎ (08512)2-1021　🕐 9:00～19:00　休 日曜　駐車場 なし

ホテル　エリア 西郷中心部　MAP 折り込み③B3

隠岐プラザホテル
おきぷらざほてる

旅の疲れを癒やす大浴場でリラックス

港に近くアクセス抜群。食事にこだわり、季節によっては専属の漁師がとったサザエやアワビなどの魚介が登場する懐石が評判だ。客室は和室と和洋室を用意。全室オーシャンビューで見晴らしもいい。

上／八尾川のほとりにある
左下／西郷港の眺めも抜群
右下／居心地のよい客室

🚶 西郷港から徒歩約5分　🏠 隠岐の島町港町天神原11-1　☎ 0120-313-397　客室数 35室　朝夕 1万7050円～　カード 可　駐車場 あり　URL www.okiplaza.com

---

ホテル　エリア 西郷中心部　MAP 折り込み③C3

隠岐ビューポートホテル
おきびゅーぽーとほてる

フェリーターミナル近くの大型ホテル

空港連絡バスや路線バスの発着所でもある隠岐ポートプラザの上層階にあり便利。客室は機能的で、港側の部屋は眺望も抜群だ。

🚶 西郷港から徒歩約1分　🏠 隠岐の島町中町目貫の四、54-3　隠岐ポートプラザ（フロント3F）　☎ (08512)2-7007　客室数 34室　📅 素5500円～・朝6600円～・朝夕1万2100円～　カード 可　駐車場 あり

旅館　エリア 西郷中心部　MAP 折り込み③C1

こころ旅館
こころりょかん

女子旅や少人数の旅におすすめ

気さくな女将と和モダンな上質空間が宿泊客を出迎える。隠岐の島の食材が自慢の食事付きプランは1日1～2組限定。全室禁煙。

🚶 西郷港から徒歩約3分　🏠 隠岐の島町東町宇屋の下16-2　☎ (08512)2-2135　客室数 7室　📅 朝9500円～、朝夕1万6000円～　URL www.cocoro-ryokan.com

---

Voice 大型スーパーは西郷郊外に「サンテラス」「ひまり」がある。そのほかドラッグストアの「ウェルネス」も2店舗あり、ひとつは西郷港からもほど近い。薬だけでなく日用品から食料品まで揃うので便利。

五箇・都万
（ご か つ ま）

島後の北西部、玄関港西郷の真裏に位置する五箇、美しい海岸線をもち、風光明媚な島の西部、都万を歩く。

📷 観る・遊ぶ

ローソク島や壇鏡の滝など見どころ豊富

五箇エリアには島後きっての絶景、ローソク島や、水若酢神社、技術の進歩を伝える福浦トンネル、日帰り温泉の「隠岐温泉GOKA」などがある。

都万エリアには、青い海と灯台のコントラストが美しい那久岬や、舟小屋群、壇鏡の滝など見どころが点在。時間をかけて巡りたい。

👝 買う

隠岐郷土館併設の売店でおみやげが買える

隠岐郷土館の売店には隠岐産の商品が豊富に揃う。隠岐の藻塩を使用した羊羹、イカが練り込まれた米粉のせんべいなど、素朴ながらも素材のよさをウリにした商品が多い。このエリアのハイライトであるローソク島をモチーフにした商品も多く、美しい絵はがきなども旅の思い出におすすめだ。

🍵 食べる・飲む

数は少ないが郷土料理などが味わえる店も

五箇エリアには数軒の飲食店がある。ホテル海音里のレストランではご当地グルメのさざえ丼を提供。五箇創生館内の「喫茶木かげ」では、隠岐そばやばくだんおにぎりといった郷土食が味わえる。都万エリアには定食やローストビーフ丼などが人気の「Restaurantなぎ」がある。

🏠 泊まる

リゾートホテルが2軒、あとは旅館・民宿が点在

五箇エリアにはローソク島遊覧船が発着する福浦岸壁の近くに「ホテル海音里」がある。中心部から離れたエリアにあり、静けさを満喫するにはぴったりだ。また都万エリアには「あいらんどパークホテル」があり、併設のダイビング施設などでアクティビティを満喫することができる。

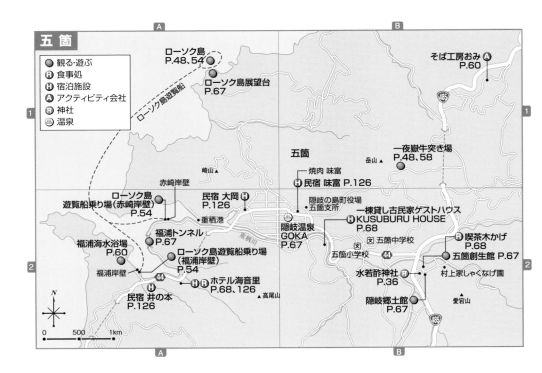

五箇

- ● 観る・遊ぶ
- ® 食事処
- ⊞ 宿泊施設
- Ⓐ アクティビティ会社
- ㉗ 神社
- ♨ 温泉

ローソク島 P.48、54
ローソク島展望台 P.67
ローソク島遊覧船
そば工房おみ Ⓐ P.60
崎山▲
五箇
岳山▲
一夜嶽牛突き場 P.48、58
焼肉 味富
⊞民宿 味富 P.126
赤崎岸壁
ローソク島遊覧船乗り場（赤崎岸壁）P.54
民宿 大岡 P.126
重栖港
隠岐の島町役場
五箇支所
一棟貸し古民家ゲストハウス
⊞KUSUBURU HOUSE P.68
福浦海水浴場 P.60
福浦トンネル P.67
隠岐温泉 GOKA P.67
五箇中学校
®喫茶木かげ P.68
ローソク島遊覧船乗り場（福浦岸壁）P.54
五箇小学校
●五箇創生館 P.67
福浦岸壁
ホテル海音里 P.68、126
水若酢神社 P.36
村上家しゃくなげ園
民宿 井の本 P.126
▲高尾山
隠岐郷土館 P.67
愛宕山
N
0 500 1km

VOICE 日本の滝百選に指定されている壇鏡の滝。約300mにもなる参道の両脇には杉が立ち並び、オキサンショウウオがすむ清らかな小川のせせらぎが空間を満たす。滝の近くの光山寺は隠岐に流された歌人小野篁の行在所で、この滝に打たれて赦免を祈ったという。

📷 展望台　[エリア] 五箇　[MAP] P.66A1

ローソク島展望台
ろーそくじまてんぼうだい

隠岐を代表する景勝地を陸から眺める

　岩の先端に太陽がともる光景は船でしか体験できないが、展望台からの眺めも迫力満点。第一展望台から850mほど山道を下った第二展望台からは、より間近で観賞できる。

🚗 西郷港から車で約50分

📷 温泉　[エリア] 五箇　[MAP] P.66B2

隠岐温泉 GOKA
おきおんせん ごか

島民に愛される日帰り温泉

　疲労回復などに効果的な、打たせ湯、寝湯、気泡浴などが揃う日帰り温泉施設。2階男女浴槽の奥は水着着用ゾーン。

🚗 西郷港から車で約25分
🏠 隠岐の島町南方296-1
☎ (08512)5-3200　🕐 14:00～20:00　休 月曜（祝日の場合は営業）　💰 大人500円、3歳～小学生250円　🅿 あり

📷 資料館　[エリア] 五箇　[MAP] P.66B2

五箇創生館
ごかそうせいかん

隠岐の郷土芸能を展示

　牛突き大会や隠岐古典相撲について展示するほか、貴重な映像を大型スクリーンで観ることができる。

🚗 西郷港から車で約20分
🏠 隠岐の島町郡615-1
☎ (08512)5-2845
🕐 9:00～17:00　休 なし
💰 大人500円、大学・高校生300円、小・中学生200円　🅿 あり

📷 資料館　[エリア] 五箇　[MAP] P.66B2

隠岐郷土館
おききょうどかん

島根県最古の白亜の洋館

　明治18年に郡役所として西郷港の近くに建てられた洋館を五箇村が譲り受け移築。郷土資料を展示。

🚗 西郷港から車で約20分
🏠 隠岐の島町郡755
☎ (08512)5-2151
🕐 9:00～17:00（12～3月は変動）　休 なし
💰 大人300円、大学・高校生200円、小・中学生100円　🅿 あり

📷 トンネル　[エリア] 五箇　[MAP] P.66A2

福浦トンネル
ふくうらとんねる

時代と共に変わる土木技術の推移を見る

　小さなトンネルは手掘り、大きなものは火薬を使って掘られており、土木技術の推移と、徒歩から馬、車へと変遷した交通手段を知ることができる。日本土木遺産でもある。

🚗 西郷港から車で約40分

📷 滝　[エリア] 都万　[MAP] 折り込み②A3

壇鏡の滝
だんぎょうのたき

古くから「勝ち水」といわれてきた特別な水

　杉の大木が林立する厳かな雰囲気に包まれた参道を歩いて行くと壇鏡神社があり、その奥に高さ40mの壇鏡の滝が流れ落ちる。この滝の水を飲むと勝負事に勝つといわれ、牛突きや相撲の試合の前日に出場者が水をくみに訪れるという。

📷 景勝地　[エリア] 都万　[MAP] 折り込み②A4

舟小屋群
ふなごやぐん

20棟ほどの舟小屋が並ぶかつての漁村風景

　海辺に並ぶ杉皮葺きの小屋は海水や虫などから船を守るために作られたもの。近くにある屋那の松原は、その昔若狭の国から訪れた八百比丘尼が、ひと晩で植えたという伝説が残る。

🚗 西郷港から車で約20分

上／屏風のような岸壁は圧巻！
右下／湧水の裏に雌滝が
左下／壇鏡の夫婦杉が鳥居を囲む

🚗 西郷港から車で約50分そこから徒歩5分　🅿 あり

VOICE　福浦トンネルは時代とともに作られた3つのトンネルを見ることができる。いちばん海寄りを細トンネル、その内側を窓トンネル、少し離れた所にできたトンネルを新トンネルといい、この3つを合わせて「福浦の三代トンネル」という。

67

📷 景勝地　エリア 都万　MAP 折り込み② A3

那久岬
なぐさき

岬の先端の灯台まで爽快散歩

明治の末期に設置された旧那久埼燈台は、昭和初期まで島後水道を航行する船舶の安全の道標として重要な役割を担っていた。現在は使われていないが、灯台まで草原を散歩することができる。

🚗 西郷港から車で約50分

📷 景勝地　エリア 都万　MAP 折り込み② A4

乙女子海岸
おとめこかいがん

ピンクに染まる夕景スポット

都万湾を望む新スポット。むき出しになった白亜の岩肌が、水平線に沈む夕日を受けてピンク色に染まる。あいらんどパークホテルから津戸方面へ約500m進み右折。看板はない。

🚗 西郷港から車で約20分

📷 景勝地　エリア 都万　MAP 折り込み② A3

油井前の州
ゆいまえのす

海面下に広がる古代の地層

波食棚と呼ばれる平らな岩場を形成する海岸。油井地区の漁港付近に広がり、冬から春先には潮が引くことで波が遮られ水面が鏡のようになる。乙女子海岸と並び近年注目のスポット。

🚗 西郷港から車で約50分

📷 池　エリア 都万　MAP 折り込み② A3

油井ノ池
ゆいのいけ

地質学的にも貴重な池

約300万年前の大規模な地滑りにより生まれた、標高約50mの所にある直径250mほどの池。島後では珍しい湿地帯で、ほかでは見られない生物が生息する。

🚗 西郷港から車で約50分　駐車場 あり

🍽 軽食　エリア 五箇　MAP P.66B2

喫茶木かげ
きっさこかげ

隠岐の郷土料理を味わうならここ

五箇創生館内の食堂。そば粉十割の隠岐そば670円や、岩のりで包んだばくだんおにぎり150円など、地元の食材を使った食事が味わえる。

🚗 西郷港から車で約25分
🏠 隠岐の島町郡615-1　☎ (08512)5-2845　🕐 9:00～16:30(ランチは11:00～14:00)　休 火曜(1～3月は変動)　駐車場 あり

🍽 海鮮　エリア 五箇　MAP P.66A2

ホテル海音里
ほてるうねり

山と海に囲まれたホテル併設のレストラン

ローソク島遊覧船乗り場のある福浦湾に面したホテル併設のレストラン。新鮮な魚介を用いた海音里定食1650円や、ご島地グルメのさざえ丼などが味わえる。

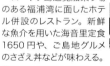

🚗 西郷港から車で約25分
🏠 隠岐の島町南方1933-1　☎ (08512)5-3211　🕐 11:00～14:00(L.O.13:30)　休 水曜　カード 可　駐車場 あり

🍽 レストラン　エリア 都万　MAP 折り込み② B4

Restaurant なぎ
れすとらん なぎ

地元客にも人気のまんぷくグルメ

1日限定10食の凪ランチ2000円は、エビやカキのフライ、牛カツなどの主菜に小鉢が付いてボリュームたっぷり。ローストビーフ丼1200円も人気。

🚗 西郷港から車で約20分
🏠 隠岐の島町津戸909-1　☎ (08512)3-1886　🕐 11:30～14:00　休 水・木曜　駐車場 あり

🏠 ゲストハウス　エリア 五箇　MAP P.66B2

一棟貸し古民家ゲストハウス KUSUBURUHOUSE
いっとうがしこみんかげすとはうす くすぶるはうす

懐かしさとぬくもり感じる古民家 G.H.

赤褐色の石州瓦屋根が特徴の古民家ゲストハウス。随所に島の木材を用いたぬくもりある空間で、居間には大きな桜の木のテーブルがある。

🚗 西郷港から車で約30分
🏠 隠岐の島町南方1227-1　☎ (08512)-3-1088　客室数 2室　貸し切り1万6000円～　駐車場 あり

Voice 浜にイカが打ち寄せられるという「イカ寄せ」は島前の西ノ島が有名だが、舟小屋群の前の浜にも10～11月頃、赤イカという1mにもなる巨大なイカがつがいで波打ち際に打ち上げられるという。

中村・布施
(なかむら・ふせ)

島の北東部には天然杉の残る自然回帰の森や樹齢800年を超える乳房杉、奇岩トカゲ岩など神秘の自然が残る。

📷 観る・遊ぶ

威厳あふれる乳房杉や天然林を散策

島の東部には標高607m、島後最高峰の大満寺山をはじめ、山が連なり深い森を形成している。その森の中に鎮座する岩倉の乳房杉の姿には神々しい雰囲気すら漂う。樹齢400年の天然林が残る自然回帰の森からは本物のトカゲのような形をしたトカゲ岩を望むことができる。

🎁 買う

おみやげには水産加工品、島民の生活を見るなら商店へ

さざえ村では活サザエの販売のほか、ドレッシングやだし醤油など自社の調味料なども販売している。日用品が必要であれば、中村の「水原商店」へ。コンビニ程度の広さながら、食品から農機具、漁業の道具まであらゆるものが並んでいる。地域の暮らしに寄り添った、"スーパーコンビニ"だ。

🍷 食べる・飲む

中村地区にサザエの名物店がある

中村海水浴場の近くに「さざえ村」という隠岐名産のサザエを使ったメニューを出す食事処がある。隠岐のサザエはコラーゲン、タンパク質、ビタミン、ミネラルが豊富。とれたてのサザエをそれぞれの店がうま味を最大限引き出すよう工夫。さざえ丼や壺焼き、炊き込みご飯などで存分に味わいたい。

🏠 泊まる

小規模な民宿が点在。移住者が営むゲストハウスも

布施の「ジオリゾートシンフォニー」を除き、中村・布施エリアはリピーターや釣り客がメインのアットホームな民宿が中心。このエリアに宿泊するのはかなりの隠岐通といえるだろう。中村には、移住者が築120年の古民家を改築した「食彩と暮らしの島宿 佃屋」があり、新たな島の魅力を発信している。

五箇・都万(島後)▼エリアガイド/観る・遊ぶ、食べる・飲む、泊まる/中村・布施エリアガイド

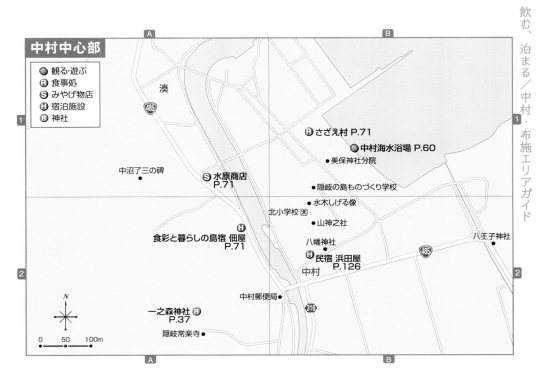

中村中心部

- ● 観る・遊ぶ
- ® 食事処
- ⑤ みやげ物店
- Ⓗ 宿泊施設
- Ⓕ 神社

湊

485

® さざえ村 P.71
● 中村海水浴場 P.60
● 美保神社分院

中沼了三の碑 ●

⑤ 水原商店 P.71

● 隠岐の島ものづくり学校

● 水木しげる像

北小学校 🏫

● 山神之社

食彩と暮らしの島宿 佃屋 P.71 Ⓗ

八幡神社 ●

八王子神社 Ⓕ

485

Ⓗ 民宿 浜田屋 P.126

中村

中村郵便局 ●

316

一之森神社 Ⓕ P.37

隠岐常楽寺 ●

0 50 100m

N

中村の集落には中沼了三の生家跡があり、石碑が立てられている。儒学者の中沼了三は幕末に京都で塾を開き、後に明治天皇の侍講となった人物だ。石碑があるのは民家の間の細い道を入った所。わかりづらいので地元の人に尋ねよう。

白島展望台

📷 展望台　　エリア 中村　MAP 折り込み②B1

しらしまてんぼうだい

青い海に白い岩肌、松の緑のコントラストが美しい

　北に突き出した白島崎と、沖に浮かぶ白島、沖ノ島、松島、小白島をあわせて白島と呼び、その景観を一望できる展望台。展望台から見える白い岩肌が印象的だ。長い年月の風化や浸食によってこのような絶景が造り上げられた。

上／島後屈指の景勝地
左下／北方、南方系の植物が混在する不思議な植生
右下／水平線がどこまでも続く

🚌 西郷港から車で約35分　🅿 あり

浄土ヶ浦海岸

📷 景勝地　　エリア 布施　MAP 折り込み②C2

じょうどがうらかいがん

一休和尚の伝説に由来する

　青く澄んだ海に松が覆う岩礁が浮かぶ光景は絵巻物のように美しい。とんちで知られる一休和尚が訪れ、句を詠んだことから浄土ヶ浦という名がついたといわれている。

🚌 西郷港から車で約40分　🅿 あり

自然回帰の森

📷 森　　エリア 布施　MAP 折り込み②C2

しぜんかいきのもり

樹齢400年の天然杉が林立する

　中谷駐車場から遊歩道を500mほど歩くと、樹齢300～400年の天然林が広がる。巨木が林立する様子は圧巻だ。途中の展望台からは奇岩、トカゲ岩を望むことができる。

🚌 西郷港から車で約60分　🅿 あり

岩倉の乳房杉

📷 杉　　エリア 布施　MAP 折り込み②C2

いわくらのちちすぎ

まるで巨大な角をもつ森の神

　主幹は途中から15本に枝が分岐し、分岐部分から24個の乳房状の根や枝が垂れ下がっていることから乳房杉という名がついた。上に伸びる枝はまるで角のようだ。森を守る聖なる動物のような風情を漂わせる。

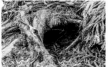

上／雨上がりはよりいっそう神聖な雰囲気　左下／母乳の神ともいわれている
右下／根元の風穴からは冷たい風が吹く

🚌 西郷港から車で約60分　🅿 あり

かぶら杉

📷 杉　　エリア 中村　MAP 折り込み②B2

かぶらすぎ

樹齢600年といわれる巨大な杉

　根元から1.5mほどのところで6つに幹が分かれる巨大な杉。樹齢は約600年といわれる。名前の由来は定かではないが、中村の大杉がなまった、形がカブに似ているからなどと伝えられている。

左／樹高は約38mと見上げるほど大きい
右上／かぶら杉の近くには名水があり、のどを潤すことができる
右下／隠岐は名水に恵まれた島だ

🚌 西郷港から車で約20分　🅿 あり

voice 西郷から岩倉の乳房杉へはいったん中村方面へ向かい、そこから山道を上って行くのが一般的。乳房杉からそのまま島中央部に抜けることも可能だが、道が狭く通行止めになることも多々ある。山道は銚子ダムへと続いている。

遊び方

奇岩 エリア 布施　MAP 折り込み②C2

トカゲ岩
とかげいわ

壁に張り付いたトカゲのよう

　まるでトカゲが崖をはい上がっているような全長26mのトカゲ岩。節理に沿って岩が崩落していき、今の姿になったという。2000年の鳥取西部地震で前足部分が崩れ落ちてしまった。西郷の夕日が見える丘公園からも遠く見ることができる。

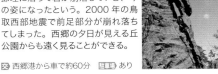

🚗 西郷港から車で約60分　🅿 あり

食堂 エリア 布施　MAP 折り込み② C2

ポーレスト
ぼーれすと

布施海水浴場前の見晴らしを楽しんで

　海水浴場前にあるレストラン。ご島地グルメのスタミナさざえ丼1020円のほか、デカ盛りの天丼970円はSNS映えするとひそかに話題だ。

🚗 西郷港から車で約40分　🏠 隠岐の島町布施1111-9　📞（08512）7-4888　🕐 11:00〜14:00、17:00〜20:00　休 水曜　🅿 あり

商店 エリア 中村　MAP P.69A1

水原商店
みずはらしょうてん

集落の生活を支えるなんでも商店

　コンビニに代わって島の生活を支える個人経営の地域密着店のひとつがここ。食品から雑貨まであらゆる商品が並び、人々の暮らしが垣間見られる。

🚗 西郷港から車で約30分　🏠 隠岐の島町中村10-1　📞（08512）4-0021　🕐 7:00〜19:30（日曜8:00〜19:00）　休 第2・4金曜　🅿 あり

民宿 エリア 中村　MAP P.69A2

食彩と暮らしの島宿 佃屋
しょくさいとくらしのしまやど つくだや

暮らすように過ごせる島の宿

　築120年を超える旧庄屋の邸宅を改装した趣ある宿。食事は島の旬の味を全員一緒にいただくので、ほかの宿泊客やスタッフと打ち解けやすい。長期滞在割引あり。

🚗 西郷港から車で約25分　🏠 隠岐の島町中村152-1　📞 080-3063-3473　客室 4室　個室／朝夕9500円〜、一棟貸し切り／3万2000円〜　🅿 あり

サザエ料理 エリア 中村　MAP P.69B1

さざえ村
さざえむら

海水浴場隣接の食事処

　地元の漁師さんがとった新鮮なサザエを使ったメニューが豊富。サザエを卵でとじたさざえ丼950円が定番。注文を受けてから炊きあげるさざえご飯は40分ほどかかるので、電話で予約してから行くと待たなくて済む。

上／コリコリサザエが美味　左下／さざえカレー850円　右下／5〜6月も生けすのサザエを提供

🚗 西郷港から車で約25分　🏠 隠岐の島町中村1541-3　📞（08512）4-0611　🕐 11:00〜14:30（7、8月は10:00〜16:30）　休 火曜（7月〜8月20日は無休）　🅿 あり

コテージ エリア 布施　MAP 折り込み② C2

ジオリゾートシンフォニー
じおりぞーとしんふぉにー

海＆森遊びを満喫できる体験型リゾート

　シーカヤックや魚釣りからキャンプやトレッキングまで隠岐の自然を楽しめる隠れ里プチリゾート。一棟貸しコテージはペット同伴OKの棟もあるので予約時に確認を。海辺の森のカフェ ラ・メールは宿泊客以外も利用可（1日1組予約限定）。

上／カヤックで自然を満喫　左下／カフェでは島食材を使った料理が味わえる　右下／コテージは一棟貸し

🚗 西郷港から車で約25分　🏠 隠岐の島町卯敷1004　📞（08512）7-4009　客室 4棟　🏕 キャンプサイト3000円、コテージ一棟1万6500円（6名以上は1名追加につき＋2000円）　🅿 あり

西ノ島の焼火山を中心とした
島前カルデラを形成する

島前 NAVI
どうぜん

西ノ島、中ノ島、知夫里島の3島からなる島前。
焼火山を中心としたカルデラの外輪山が3つの島々となった地域で
それぞれの島間の移動は内航船が島民や旅行者の足となっている。

西ノ島（西ノ島町）全図 P.82

島後

島前

島で〜た

西ノ島（西ノ島町）
人　口	約2560人
面　積	55.98k㎡
周　囲	約117km
最高地点	451.7m

中ノ島（海士町）
人　口	約2270人
面　積	33.4k㎡
周　囲	約89km
最高地点	246.2m

知夫里島（知夫村）
人　口	約640人
面　積	13.69k㎡
周　囲	約27km
最高地点	324.5m

西ノ島

別府港フェリーターミナル

摩天崖

別府中心部 P.83

別府港

通天橋

由良比女神社

浦郷港

西ノ島町役場

西ノ島町

浦郷中心部 P.82

焼火山▲

大柱島

P.98

赤壁
せき　へき

島の西部にある赤茶色
の岩肌がむき出しに
なった、海抜200m
にもなる断崖。

知夫村（知夫里島）
ちぶむら　ちぶりじま

隠岐諸島の有人島で最も小さい島で、
島根県で唯一の村。草原で牛が草をは
むのどかな光景が広がり、またタヌキが
生息する隠岐唯一の島でもある。

来居港フェリーターミナル

来居港

赤ハゲ山▲

知夫村

知夫里島

知夫村役場

赤壁

知夫里島（知夫村）全図 P.98

神島

浅島

島前への行き方・詳しくは P.122

詳しくは P.122

フェリー

島根県の七類
港、鳥取県の
境港から約2
時間30分。島前
経由と島後経由
の便がある。

高速船
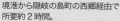
高速船レイン
ボージェット
が運航。七類・
境港から隠岐
の島町の西郷経由で
所要2時間。

島間交通

内航船が島前3島を結
ぶ。別府（西ノ島町）
〜菱浦（海士町）が最
短所要7分。来居（知夫
村）〜菱浦が最短
所要18分。全区間300円均一。

西ノ島町（西ノ島） P.82

別府港と浦郷港のふたつの港をもち、古くから栄えた島。西海岸一帯は約7kmにわたって海食崖や海食洞が続き、隠岐を代表する景観を成している。

摩天崖

高さ257mの垂直に切り立つ大絶壁。通天橋まで続く遊歩道や、海上から間近に摩天崖を眺められる観光船も人気だ。

通天橋

国賀浜にある、海食作用によって洞窟の一部分がアーチ状に残った景勝地。赤尾展望台からの遠望風景もおすすめ。

菱浦中心部 P.90

明屋海岸（ハート岩）

中ノ島

松島

金光寺山

海士町役場

中里中心部 P.91

海士町

由良比女神社

隠岐に4社ある名神大社のひとつ。「イカ寄せ伝説」が残り、境内にはイカの彫刻を施した灯籠などが見られる。

中ノ島（海士町）全図 P.90

海士町（中ノ島）

後鳥羽天皇にまつわる史跡や、赤色の岸壁が続く景勝地・明屋海岸、日本名水百選の湧水・天川の水の恵みを受けた田畑が広がる。

P.90

N

0 ——— 2km

加島

明屋海岸

女神がお産をした神話が残る海岸。その海上に浮かぶ岩は、ハート岩と呼ばれる人気の観光スポットだ。

気になる ベーシックインフォメーション Q&A

Q 宿泊施設は充実している？

A 各島とも港付近の宿は利便性が高いが、シーズンには予約が取りづらいことも。一方でオフシーズンには小規模の宿を中心にクローズする場合もあるので注意しよう。海士町では観光協会と民間企業が運営を支援する「島宿」も人気だ。

Q 島内・島間の移動手段は？

A 島間の移動は内航船と呼ばれる島前間のみを運航する船を利用する。「いそかぜ」と「どうぜん」の2隻あり、どうぜんは車の積み込みも可能。島内の移動はレンタカーが便利だが、近年ではE-bikeも人気。各島のフェリーターミナルにある観光協会でレンタルできる。

Q 食事や日用品の買い物の利便性は？

A 全体に飲食店は限られ、昼夜通し営業となるとさらに選択肢は減る。営業時間を下調べしてから目当ての店へ向かおう。飲食店は予約が必須なことも多い。またいわゆるスーパーマーケットは西ノ島町の「ユアーズ」のみ。必要なものは島外で買い揃えたほうが安心だ。

西ノ島町

海にそそり立つ断崖の草原の上を
標高差約260mの絶景トレッキング

摩天崖 トレッキング

（まてんがい）

見て！
馬がいっぱい
いるよ！

隠岐を代表する絶景、摩天崖を満喫するなら歩いて眺めるのがいちばん。のんびり草を食む牛や馬を眺めながら空中散歩気分。

そそり立つ断崖の上は
潮風吹き抜ける天上世界

国賀海岸の観光のハイライトといえば、巨大な刃物で切り落としたような垂直の大絶壁、摩天崖。荒々しい岩肌とは裏腹に、その絶壁の上は柔らかな緑に覆われた草原。日本海とのコントラストも美しくこの世のものとは思えぬ絶景だ。観光船から眺めるだけではもったいない。摩天崖の上から通天橋まで約2.5kmのトレッキングコースを歩いてみよう。

スタートは摩天崖の上の駐車場。ここまでは別府からタクシーで約30分。ここでタクシーとお別れし、トレッキングスタート。展望台からパノラマを堪能したら、草原を下る。草を食む牛や馬は、一見無関心に見えて、目だけはしっかりこちらの様子をうかがっている。不用意に触れたりしないよう適度な距離を保とう。途中、突き出した岬の先端からは先ほど下ってきた摩天崖と眼下に広がる奇岩を一望できる。ゴールは通天橋脇の展望スポット。ハードな道のりではないけれど、飲料水や簡単な行動食、夏場ならば日焼け止めや帽子は忘れずに。

国賀海岸は昭和13年に国の天然記念物に指定された

MAP P.82A1 　別府港から車で約30分。タクシーで片道4000円ほど　**駐車場** あり

バスの営業期間外は
由良車庫から乗車

国賀から出発するバスはシーズン中でも1日2〜4便。出発前に観光案内所などでバスの時刻を確認しておこう。もし国賀発のバスがない時期だったり、ちょうどいい時間にバスがこない場合は、バス停由良車庫（旧浦小前）まで歩けば1日10便ほどある。距離は約2km（徒歩約30分）。途中、トンネルや細い道があるので車には気をつけよう。

バス停の休憩所

観光バスやタクシーだと絶景をただ見るだけになってしまうのですが、ハイキングをすると、摩天崖の大きさを実感することができました。きれいな景色なのですが足元には牛や馬のフンがいっぱい落ちているので気をつけて！（東京都／豆大福さん）

橋は
必ず閉めて！

スケジュール

所要時間	歩行距離	体力レベル
約 **2** 時間 **30** 分	約 **2.5** km	🚶🚶

9:00
別府のフェリーターミナルを出発
摩天崖までの公共交通機関はないため往路はタクシーを利用する。

シーズン中はタクシーを予約しておくと安心

車で
30分

9:30
摩天崖駐車場に到着
摩天崖の駐車場には牛や馬が外に出ないよう柵がある。自由に開けて入ってよいが、開けたら必ず閉めること。

摩天崖の上にトイレがあるのでここで済ませておこう

10:00
後ろも前も絶景続き！
草原を下る途中に視界が開けた岬がある。先ほど記念撮影した摩天崖の頂上はもう切り立った岩の上。眼下の海には浸食で生まれた奇岩が。下りは少し急な所があるので足元には注意。

徒歩
20分

徒歩
10分

9:40
摩天崖最高地点で記念撮影♪
まずは摩天崖の頂上で記念撮影を♪国賀海岸一帯は昭和13年に国の天然記念物に指定されている。男性的な岩肌と女性的な柔らかな草原のコントラストにため息！

牛や馬には近づき過ぎないこと。子牛や子馬がいる場合は特に警戒心が強くなっているので注意して

絶景を背景に
ポーズ！

コース中間地点からの眺め。ゴールとなる国賀浜を視界に捉えながらずっと下っていく

徒歩
50分

10:50
自然の造形、通天橋に到着
摩天崖を下りきった所に現れるのが通天橋。気の遠くなるような年月をかけて造り上げられた天然の橋は圧倒的。

摩天崖
制覇！

徒歩
10分

間近に見る巨大なアーチ。自然の力にあらためて感嘆する

11:25
町営バスに乗車し、別府へ
通天橋の駐車場近くの「国賀」バス停から帰路につく。国賀まで来るバスは1日2〜4便なので時間配分に注意。運賃は一律200円。片道をバスにすればずいぶん節約になる。

乗り遅れないように気をつけて！

摩天崖

摩天崖
駐車場
P

START

乙姫御殿

通天橋
観音岩
天上界
象鼻岩

GOAL

国賀

N

＜イメージ図＞

バス停
「由良車庫」へ

言葉にならない
大絶景！

西ノ島町

船頭さんの達者なガイドで巡る
国賀海岸観光のハイライト

国賀めぐり定期観光船

島前を代表する景勝地である国賀海岸。
その魅力を味わい尽くすには、このアクティビティは外せない。

浦郷港発コースでは往路、別府港発コースでは復路に船引運河を通る

奇岩・絶景が続々現れる
日本屈指の岩壁巡り

　日本海の荒波が造り出した巨大な芸術品・国賀海岸。海食の過程で生まれた崖や洞窟・奇岩など、その日本屈指の絶景を続けざまに観賞できるのがこちらの遊覧船だ。

　コースは浦郷港発と別府港発のふたつ。一般的な浦郷港発のＡコースでは、まず美田湾から船引運河を抜けて外海へ向かう。陸を左手に航行

しやがて姿を現すのが257mの高さを誇る摩天崖。ほぼ垂直にそそり立つ圧巻の光景を目に焼き付けて先へ進めば、そこから折り返し地点の明暗の岩屋まで見どころのオンパレードだ。船頭さんの名調子に耳を傾け、さまざまな姿に見立てられた奇岩・奇景に想像をめぐらせよう。写真を撮影するなら逆光で岩壁が影にならない午後発のコースがおすすめだ。

　別府港発のＢコースは三郎岩やオオミズナギドリの繁殖地でもある星神島などを経由し途中でＡコースと合流する。ただし波の影響を受けやすく時期によっては欠航が続くことも。当日の運航状況は電話で確認しよう。

もっと知りたい！

明暗の岩屋は運次第？

　洞窟内がとても狭く、一度入ると出口に近づくまで光が届かないことからその名がついた明暗（あけくれ）の岩屋。難点は海上の波が相当穏やかでないと進入できないこと。入れたら運がよい、くらいに考えておいたほうがよい。

出口が見えてようやく「明暗」の意味がわかる

赤壁といえば知夫村が有名だが、国賀海岸にも国賀の赤壁と呼ばれる縞模様の地層がある。迫力は十分だ

隠岐観光
MAP P.82D1、P.83F1　所要 1時間20分(浦郷港発)、2時間10分(別府港発)　交 浦郷港、別府港発　電 (08514) 7-8412　時 浦郷港発Ａコース①8:30〜、②10:50〜、③13:00〜、④15:00〜(④は7月8日〜8月31日のみ)／別府港発Ｂコース(2023年2月現在運休中)　休 11〜2月、3月の月〜金曜　料 3000円(浦郷港発)、3500円(別府港発)※欠航時はバス観光に振替　駐車場 あり　予約 不要

Voice 明暗の岩屋や天幕橋、観音岩といったユニークな景観は、すべて一連の作用で生まれたもの。岩石のひび割れ部分が波に削られて洞窟となり、その奥行き部分が崩れることでアーチ状の崖に。さらにその屋根部分が崩れると陸地から離れた岩となる。

スケジュール

所要時間	体力レベル
約1時間20分（浦郷港発コース）	🚶🚶🚶

13:00
浦郷港を出発！

当日の運航状況を確認したら、時間に余裕をもって出港地へ。天気がよければ屋根のない後部座席がおすすめだ。その際は日焼け対策を忘れずに。

チケットはターミナル1階で購入しよう

船で10分

13:10
船引運河を通過して外海へ

西ノ島大橋をくぐり美田湾を進むとやがて船越集落が両岸に現れる。スピードを緩めて航行するので、船引運河沿いの漁村風景をしばし満喫しよう。

船で15分

のどかな風景が両岸に広がる

船で10分

13:35
巨大な岩の架け橋、通天橋に遭遇

中盤の山場が通天橋のある国賀浜。ここは奇岩の宝庫で、観音岩や象鼻岩などユニークな造形の岩が次々と現れる。船頭さんの話にしっかり耳を傾けよう。

近くに象鼻も あるよ！

安全上の理由から、残念ながらくぐり抜けは不可

通天橋の先にはとがった岩が林立する諸仏像岩がある。なかでもひときわ目を引くのがこの観音岩

13:25
国賀海岸随一の景勝地・摩天崖！

地上の展望台から眺める摩天崖もいいが、やはり海上から間近に見上げたスケールは圧巻。岩壁に見られる赤い縞模様は、焼火山の噴火の痕跡だ。

鬼に見えるかな？

その存在感に思わず圧倒される

船で25分

その名のとおり、洞穴内には外光が届かない。暗闇の中を慎重に進んでいく

14:00
最後の難関、明暗の岩屋を攻略！

明暗の岩屋は複数の洞穴がつながってできたもので、全長250mの内部を探検するかのように進んでいく。非常に狭く、船長にとっては腕の見せどころだ。

船で20分

14:20
Uターンして一路帰途へ

すべての見どころを回ったところで船はUターン。スピードを上げて帰路に着く。当日の海の状態によってはそのまま南回りで浦郷へ戻ることもある。

船越で途中下船もできる

N

＜イメージ図＞

かぶと岩、鬼の面、金棒岩、鬼ヶ島

鬼ヶ城
豆腐岩
外浜海水浴場
摩天崖
船引運河
乙姫御殿
通天橋
観音岩
浦郷港
象鼻岩
滝見の岩屋
国賀の赤壁
明暗の岩屋

※波の状況によりコース変更となる場合あり

お魚がいっぱい！

楽しみ〜♪

観こつられて魚が寄ってくる

隠岐唯一の半潜水型展望船で
海中散歩を満喫しよう

海中展望船 あまんぼう

菱浦港発着で利用しやすい、
老若男女問わず楽しめる人気アクティビティ。

三郎岩と色鮮やかな魚たちに出合える！

ずんぐりとした姿が愛嬌ある「あまんぼう」は半潜水型の観光船。海士町観光の目玉のひとつとなっている。

ツアーコースでは菱浦港から三郎岩まで船上からの景色を楽しみ、ポイントに着いたところで船の底に移動。両サイドの窓から岩の周辺に集まるイシダイやマダイ、スズキ、メジナといった魚を観察することができる。

年齢を問わず楽しめると人気で、シーズン中の菱浦港のにぎわいに華を添えている。

もっと先取りたい！

ナイトクルーズもおすすめ！

町明かりを背に夜の海をクルージングするのもオツなもの。夏から秋にかけては夜光虫も観察できる。大人1500円、所要30分。5名以上の予約で運航される。
Entō
☎ 050-3198-9491

幻想的な夜光虫に出合えるかな？

心地よい船上の旅を楽しもう

スケジュール

所要時間	体力レベル
約 **50**分	🚶🚶🚶

10:20 ▶ 菱浦港を出発！

フェリーターミナルのキンニャモニャセンターに隣接する船着き場から出発。移動の面倒もないので滞在時間が限られている旅行者にも人気だ。

ユニークな形の船

10:20 ▶ しばしの海上遊覧タイム

船で10分

ガイドの説明を聞きながら船上からの風景を楽しもう。安全のため勝手に動き回らないように！ また意外と風で体が冷えるので、上着があると安心。

いざ、三郎岩へ！

10:30 ▶ 三郎岩に到着！

船で20分

菱浦港の北東沖に顔を出す、兄弟のように仲よく並んだ三郎岩は海士町の名所のひとつ。大きいほうから太郎・次郎・三郎の名がつく。

仲よく大小3つ並んでいる

10:50 ▶ 船の底から海中を眺めると……

船で15分

ポイントに着いたら階段を降りて海中展望室へ。窓の外に広がるのはまさに別世界！ 餌づけをして魚の群れを呼び寄せてくれる。

知っている魚はいるかな？

11:05 ▶ 菱浦港へカムバック

海中の世界を堪能したら、Uターンして菱浦港へ。途中に見える島や岩もそれぞれに由来があっておもしろい。ガイドの話も聞き逃すな。

あっという間に時が過ぎてしまう

(一社) 海士町観光協会
MAP P.90D1　所要 約50分　交 菱浦港から発着　☎ 050-1807-2689
時 ① 8:40〜、② 10:20〜、③ 13:30〜、④ 14:40〜 ※期間により減便あり
休 しけ時、11〜3月　料 2000円　催行 2名〜（1名の場合2名料金で乗船可）
駐車場 あり　予約 必要

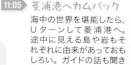

voice 島民から親しまれている三郎岩だが、やや沖合にあるため陸上から見ることは難しい。横並びに立っているので、あまんぼうやフェリーで近づくと船の位置によって3つから2つ、2つから1つへと見え方が変わるのも特徴だ。

知夫村 夕日に輝く赤壁を間近で見よう

赤壁遊覧船

知夫里島の西海岸に約1kmにわたり続く断崖絶壁の赤壁は、国の天然記念物にも指定される名勝。その赤壁を海から展望する贅沢なクルージングがこちら。チャーター船となるため事前予約は必須で、2名からの催行となる。出発時刻は営業時間内で希望に応じてくれる。

こんなに間近に！

左／海上から眺める絶壁は迫力満点！
中／入出港は来居港フェリーターミナル
右／天候次第ではこんな場面に遭遇できるかも？

知夫里島観光協会 **MAP** P.99C2 **所要** 約50分 **交** 来居港から出港 **住** 知夫村来居1730-6 **電** (08514)8-2272 **時** 12:00〜18:30 **料** 8500円／人（ガイド付き）、6500円／人（ガイドなし）※2名から催行 **休** なし **駐車場** あり **予約** 必要

西ノ島町 穏やかな島前湾内の夜景をひとり占め

ナイトクルージング

美田地区のリゾートホテル、隠岐シーサイドホテル鶴丸が所有するクルーザーで静かな夜の海を優雅にクルージング。条件がよければ満天の星や、船の引き波の刺激を受けて青く発光する夜光虫を観察することができる。宿泊客以外の参加ももちろんOK。夜風に当たるので防寒着は忘れずに持っていこう。

ロマンティックな体験を

隠岐シーサイドホテル鶴丸前のマリーナから出航

左／設備の整ったクルーザーで快適♪
右／暗闇の中にともる町の明かりが幻想的

つる丸汽船観光
MAP P.82A1 **所要** 約30〜40分 **交** 別府港から車で約7分 **住** 西ノ島町美田771-1 **電** (08514)6-1111 **時** 20:30〜21:00 **料** 大人1500円、小学生700円（小学生以下無料、5名以上で運航） **休** 10〜4月 **駐車場** あり **予約** 必要

簡単に作れます♪

海士町 手づくりキャンドルに旅の思い出を込めて

〜Amalium〜 アマリウム

海士の海で見つけた貝殻やシーグラスを使って、世界にひとつだけのジェルキャンドルを作ろう。カラーサンドをグラスの3分の1ほど敷いたら、その上に自由にオブジェを配置。最後に溶かしたジェルを流し込んで30分ほど冷まし固めれば完成だ。フェリーの待ち時間や雨天時にもおすすめ。

自分だけのオリジナルキャンドルを作ろう！

海士町観光協会
MAP P.90D1 **所要** 約1時間 **交** キンニャモニャセンター1階 **住** 海士町大字福井1365-5 **電** 050-1807-2689 **時** 応相談 **料** 1000円 **休** 不定休 **駐車場** あり **予約** 必要

左／海底をイメージしてオブジェを配置して　右／ジェルワックスを流し込んで固まれば完成！

しゃもじに旅の思い出を描こう

キンニャモニャしゃもじ絵付け体験

雨の日にも
おすすめ！

海士町で歌い継がれる民謡「キンニャモニャ」。日本各地から北前船で伝わったという説や、お金（キン）や女性（ニャ）が大好きなキンニャモニャ爺さんが作ったという説までさまざまな説はあるが、何はともあれ宴会の席ではキンニャモニャを歌いながら、しゃもじを持って陽気に踊るのがお約束。しゃもじに絵を描いて、マイしゃもじで踊ろう！

表は下絵が描かれているのでそれに色をつけて、裏は好きな絵を自由に描こう。最後にニスを塗って乾かせば完成。船の出港前の空き時間にも楽しめる

海士町観光協会 **MAP** P.90D1 **所要** 約1時間
交 キンニャモニャセンター1階 **住** 海士町大字福井1365-5 **電** 050-1807-2689
時 要相談 **料** 600円（しゃもじ1組2本）
休 不定休 **駐車場** あり **予約** 必要

オリジナルの七味作り

瓶詰めして
完成！

MY 知夫七味体験

山椒やワカメ・岩海苔・クロモジなど自然豊かな知夫里島産の食材で、自分好みの七味を作ろう。天然の食材を使った作りたての七味は香り高く格別！ 個々の食材の効能や風味の特徴はさまざま。イメージに合わせて調合してみよう。七味を詰めたボトルはオリジナル巾着袋とともに持ち帰ることができる。

大切な人への
おみやげにも！

全14種の食材から辛みと香りのバランスを考えて7種を選択。山の幸はさわやかな香りに、海の幸はうま味が強くなる

吾郷真季子さん

7種の食材を合わせてすり鉢で調合。テイスティングもできる

MAP P.99C2 **所要** 40分 **交** 来居港から徒歩3分 **住** 知夫村来居1686（SURUDAWAI） **電** 050-5236-0201 **時** 9:00〜17:00 **料** 3500円 **休** 月〜金曜（祝日は開催） **駐車場** なし **予約** 必要 **◎** chibushichimi

---

海を眺めながらオブジェを作ろう

貝殻オブジェ製作体験

岩ガキやアワビの貝殻をキャンバスに見立て、旅の思い出を作品にしよう。アクリル絵の具やサインペンで絵を描いたり、知夫の砂浜でひろい集めた砂やシーグラス、小さな貝殻を貼り付けたりとアイデアは人それぞれ。土台となる貝殻の個性を上手に生かすのがポイントだ。

使い方は
＋人＋色♪

知夫里島観光協会 **MAP** P.99C2 **所要** 1時間〜1時間30分
交 来居港フェリーターミナル1階 **住** 知夫村来居1730-6
電 050-1807-2689 **時** 13:00〜16:00で応希望
料 1500円 **休** 不定休 **駐車場** あり **予約** 必要

知夫里島観光協会 竹川千里さん

左／島の海岸で集めた貝殻に自由気ままに絵を描いて！ 右／アクリル絵の具やサインペン、シーグラスが用意されている

Voice MY知夫七味体験で使用する食材はその多くが知夫里産。島内にもともとなかったホットチリペッパーなどは同島のフレンチレストラン Chez SAWA が営む農園「いただきファーム」で栽培してもらっているのだそう。

ワイワイ楽しみたい人ものんびりと過ごしたい人も
おすすめビーチガイド

🚻 トイレ　🚿 シャワー　👕 更衣室　🏪 売店　👁 監視員　🅿 駐車場

※各海水浴場に付属する設備・施設は夏季のみの利用となるので注意。

外浜海水浴場　[西ノ島町]
そとはまかいすいよくじょう

船引運河すぐの隠岐では数少ない自然の砂浜。夏にはたこ焼きやアイスクリーム店も営業。

MAP P.82A1
🚌 別府港から車で約10分
🚻 🚿 👁 🅿

大山遊泳場　[西ノ島町]
おおやまゆうえいじょう

2015年に新しくできた砂浜の遊泳場。静かな砂浜でリラックスするのもおすすめ。

MAP P.82B1
🚌 別府港から車で約5分
🚻 🚿 👁 🏪 🅿

明屋海水浴場　[海士町]
あきやかいすいよくじょう

明屋海岸に面し、奇岩とエメラルドグリーンの海を同時に楽しめる。キャンプ場併設。

MAP P.91B1
🚌 菱浦港から車で約15分
🚻 🚿 👁 🅿

レインボービーチ　[海士町]
れいんぼーびーち

菱浦港から徒歩でアクセスでき、遠浅のビーチは親子で楽しむのにもぴったり。

MAP P.90C1
🚌 菱浦港から徒歩約8分
🚻 👁 🅿

島津島渡津海水浴場　[知夫村]
しまづしまわたつかいすいよくじょう

島津島キャンプ場に隣接したビーチ。島内へは車で進入不可のため、徒歩でお松橋を利用する。

無人島にある静かなビーチ

MAP P.99D4
🚌 来居港から車で約15分、そこから徒歩約10分
🚻 👁

まだある！アクティビティリスト

アウトドア、文化体験ともにさまざまなアクティビティが楽しめる隠岐。アクティビティ内容と予約のポイントを紹介。

ポイント1
日程が決まったら早めに予約
シーズン中は特にアウトドアアクティビティが混み合うため、日程が決まったら早めに問い合わせを。

ポイント2
移動手段を確認
現地集合の場合、集合場所までの移動手段を確認しておこう。自分で現地まで行かなくてはならない場合もある。

ポイント3
支払いは当日現金で
ほとんどの場合、ツアー代金は当日現金で支払う。できるだけおつりがないよう準備しておこう。

		アクティビティ名	所要時間	料金	催行会社	電話番号	URL
西ノ島町	文化体験	土染め体験	1時間30分〜2時間	3300円 ※2名〜	焼火窯	(08514)6-1151	https://takuhigama.thebase.in
		陶芸教室	2〜3時間	3300円(手びねり)、5500円(電動ろくろ) ※各2名〜			
	アウトドア	シーカヤック	2時間	6500円	クラブノア隠岐	(08514)6-0825	www.oki.club-noah.net
		体験ダイビング	約3時間	1万4000円			
		バナナボート	15分	3500円(1グループ)	つる丸汽船観光	(08514)6-1111	www.oki-tsurumaru.jp
		国賀めぐり観光チャーター船	約1時間30分	2名1万5000円、3〜6名1万8000円、7名〜3000円(1名当たり)			
海士町	文化体験	夜の隠岐神社参り	約1時間	6000〜8500円(人数で変動) ※2名より催行	海士町観光協会	050-1807-2689	
		島のさんぽみち	80分	大人2800円、小人1400円			
	アウトドア	無人島でバードウォッチング＆フォレストSDGsツアー ※4〜6月のみ	約4時間	5500円(別途チャーター船料金5500円) ※3〜7名で催行	隠岐しぜんむら	(08514)2-1313	
		E-BIKEエコツアー	約6時間	9900円 ※2〜8名で催行			
知夫村	文化体験	ミニジャー巻き(蛇巻き)作り体験	約3時間	4500円／人	知夫里島観光協会	050-1807-2689	

VOICE＜ プライベート感のあるビーチで楽しみたいなら、知夫村の長尾海水浴場がよい。ホテル知夫の里から徒歩10分ほどでアクセスでき、水道もある。また海士町・日須賀地区の風呂屋海水浴場は夕日スポットとしても人気だ。

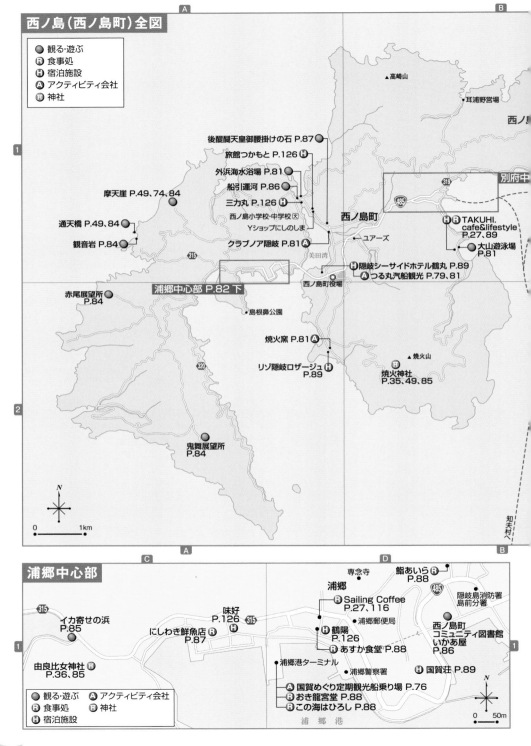

島前カルデラの火口に位置する島前地域の中心地

西ノ島町

面積、人口ともに島前地域で最大の西ノ島。隠岐を代表する景勝地・国賀海岸が島観光のハイライトだ。

観る・遊ぶ

国賀海岸を陸と海から観賞したい

島の玄関口は別府地区。ターミナル内の西ノ島町観光協会で観光パンフレットや各地区の町あるきマップを入手しよう。国賀海岸を中心に観光名所が点在し、レンタカーや200円均一運賃の町営バス、タクシーの利用がおもな移動手段。観光協会ではレンタサイクルの貸し出しも行う。

食べる・飲む

営業時間の下調べを忘れずに

島の規模に対して飲食店はやや少ない印象。昼夜通し営業となると選択肢はさらに狭まる。不定休や予約が必要な場合もあるので、事前に営業を確認しておくと安心だ。郷土料理のえり焼き鍋を味わうなら、別府地区の「磯四季」が唯一の選択肢となる。

買　う

スーパーは1軒のみ、島みやげは別府港周辺で手に入る

島唯一のスーパーマーケットであるユアーズが別府と浦郷両地区の中間にある。コンビニエンスストアは船越に1軒。個人商店は別府、浦郷、船越各地区に揃っている。みやげは安藤本店など別府港付近のいくつかの商店のほか、ホテル内の売店も充実している。

泊まる

利便性なら別府エリア、中心から離れたリゾートホテルもおすすめ

別府港周辺に全10室程度の宿が2軒ある。路線バスで移動可能な浦郷、船越各地区にも民宿や旅館があるが、シーズン中や連休時期は多くの宿泊施設が満室となってしまう。レンタカーなどの移動手段があるなら、市部や波止地区にあるリゾートホテルを利用するのもよいだろう。

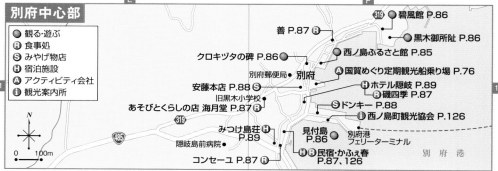

別府中心部

- ● 観る・遊ぶ
- ⑧ 食事処
- ⑤ みやげ物店
- ⑭ 宿泊施設
- ⑭ アクティビティ会社
- ⑭ 観光案内所

碧風館 P.86
善 P.87 ⑧
黒木御所阯 P.86
西ノ島ふるさと館 P.85
クロキヅタの碑 P.86 ●
別府郵便局・別府
安藤本店 P.88 ⑤
国賀めぐり定期観光船乗り場 P.76
旧黒木小学校
ホテル隠岐 P.89
磯四季 P.87
あそびとくらしの店 海月堂 P.87 ⑧
ドンキー P.88
みつけ島荘 ⑭ P.89
見付島 P.86
西ノ島町観光協会 P.126
隠岐島前病院・別府港 フェリーターミナル
別 府 港
コンセーユ P.87 ⑧
民宿・かふぇ春 P.87、126

0 ─ 100m

摩天崖
まてんがい

国賀海岸を象徴する大絶壁！

　何十万年もの歳月をかけ、波風に削り取られて形成された海抜257m、実にビル70階建ての高さを誇る日本有数の断崖。全景を見るなら通天橋へと向かう遊歩道を少し下ろう。崖上に放牧された牛馬とのコントラストもここならでは。

左／国賀海岸を象徴する景観　右上／道中に馬がいることも　右下／山本幡男の碑が立つ

🚌 別府港から車で約30分　🅿️ あり

赤尾展望所
あかおてんぼうしょ

「日本の夕陽百選」認定の名スポット

　通天橋や国賀浜、その先の摩天崖まで国賀海岸の絶景を一望できる。特に空一面が夕焼け色に染まる時間帯の美しさは思わず息をのむほどだ。展望所へと続く道は赤尾スカイラインと呼ばれ、ここからも雄大な景色を楽しめる。

上・左下／1日の終わりに見せる美しい風景　右下／駐車場の先に展望台が設置されている

🚌 別府港から車で約30分　🅿️ あり

鬼舞展望所
おにまいてんぼうしょ

360度広がる風景をひとり占め

　島前カルデラ全体を見渡せ、南へ延びる外輪山の尾根筋がその先の知夫里島へと続いている様子が確認できる。駐車場付近に見られる石垣は牧畑と呼ばれる輪作農法の名残で、区域を分けるために造られたものだ。

上／知夫里島までは目と鼻の先　左下／道中には牛もお目見え　右下／古い石垣が今も残っている

🚌 別府港から車で約35分、そこから徒歩約5分　🅿️ あり

通天橋
つうてんきょう

自然が造った国賀海岸の代表的奇岩

　国賀海岸の中心・国賀浜にある巨大な岩の架け橋。洞穴の奥行き部分が崩れ落ちてアーチ状となった。摩天崖へと続く遊歩道もあるがこちらからは上り坂となるのでご注意を。

🚌 別府港から車で約25分、そこから徒歩約5分　🅿️ あり

観音岩
かんのんいわ

夕日とのコラボレーションも!?

　天上界と呼ばれる奇岩エリアのなかにあり、その形から百済観音像に見立てられた高さ約40mの細長い岩。4月中旬～6月上旬、8月中旬～9月上旬には岩の背後に夕日が沈み、まるで観音様に後光が差したような光景が見られると人気だ。

🚌 別府港から車で約25分、そこから徒歩約5分　🅿️ あり

voice〈 隠岐を訪れる外国人観光客は年々増えているが、なかでも目を引くのがフランス人旅行者の多さ。これはフランスの旅行ガイドブック『Guides Bleus Japon』（ブルーガイド ジャポン）で隠岐が最高評価の「3つ星」を獲得したことが影響している。

焼火神社

たくひじんじゃ

エリア 波止　MAP P.82B2

海の安全を見守る隠岐最古の神社

　島前の最高峰・焼火山の中腹にあり、航海安全の神として平安時代から信仰を集めてきた由来ある神社。岩窟にすっぽりとはめ込むように造られた本殿は 1732 年改築と隠岐で最も古く、通殿・拝殿ともに国指定の重要文化財だ。

左／焼火神社の社殿　右上／登山道は展望台へ続いている　右下／うっそうと茂る森

🚗 別府港から車で約20分、そこから徒歩約25分　🅿️ あり

西ノ島ふるさと館

にしのしまふるさとかん

エリア 別府　MAP P.83F1

西ノ島の自然・文化を知る資料館

　1 階は隠岐ユネスコ世界ジオパークに関するパネル展示が中心で、2 階は漁具や民具、島内の遺跡から出土した文化財などが陳列されている。故木村康信氏が隠岐近辺で採取した動物標本や植物なども貴重な展示資料だ。

上／興味深い漁具が並ぶ　左下／島の見どころを地図で確認　右下／港に建っている

🚶 別府港から徒歩約5分　🏠 西ノ島町別府56-10　☎ (08514) 7-8888（西ノ島町観光協会）　🕘 9:00～17:00　🈺 12月～3月末　💴 大人300円、大学・高校生200円、小・中学生150円　🅿️ あり

由良比女神社とイカ寄せの浜

ゆらひめじんじゃ

神社が引き寄せる？
珍しいイカ寄せ現象が見られた浜

　浦郷の集落から西へ車を走らせると、由良比女神社のすぐ先に鳥居と人型看板が立つ風変わりな湾に出くわす。「イカ寄せの浜」と呼ばれるその入江では、明治・大正から昭和 20 年代にかけて毎年のように冬にイカの大群が押し寄せ、イカをひろい集める人々であふれたそうだ。この不思議な現象の原因はいまだはっきりしないが、科学に代わり広まっているのが「由良比女命の手をイカが噛んでしまい、以来お詫びとして浜にイカが打ち上がるようになった」という伝説。神社の境内にある灯籠や拝殿にはイカの彫刻が施され、再び伝説がよみがえる日を静かに待ち続けている。

イカ漁の様子を再現するイカ寄せの浜

見つかるかな？

左／うっそうとした木々に囲まれた由良比女神社。創建は平安時代と古く、派手さはないが風格がある　中・右／境内に隠れた見事なイカの彫刻は江戸時代のもの

上・右／神社の外に飾られた大小のイカのオブジェ。かつてはイカを監視する番小屋もあったという

MAP P.82C1

🚗 別府港から車で約15分　🅿️ あり

資料館 エリア 別府 MAP P.83F1
碧風館
へきふうかん

後醍醐天皇の足跡を収集する資料館

　黒木御所の丘の下に建つ資料館。後醍醐天皇が隠岐に配流されたことを示す歴史的資料や詠まれた和歌などを展示する。

- 🚌 別府港から徒歩約10分
- 🏠 西ノ島町別府275
- ☎ (08514)7-8888(西ノ島町観光協会)　🕐 9:00 〜 17:00
- 🈺 12月〜3月末　💴 大人300円、小・中学生150円　🅿 あり

史跡 エリア 別府 MAP P.83F1
黒木御所阯
くろきごしょあと

丘の上に残る後醍醐天皇の住居跡

　南北朝動乱期を描いた軍記物語『太平記』にも記述のある、後醍醐天皇の行在所阯。元弘2年の配流後の約1年間住んだとされ、隣接して天皇を祀った黒木神社もある。

- 🚌 別府港から徒歩約10分　🅿 あり

島 エリア 別府 MAP P.83F1
見付島
みつけじま

別府港の風景に欠かせない無人島

　別府港のフェリー乗り場の真正面に見える、こんもりと緑に覆われた無人島。後醍醐天皇が配流された折に、警護の武士がこの島で見張り番をしていたという伝承がある。

- 🚌 別府港前(上陸は不可)

史跡 エリア 別府 MAP P.83F1
クロキヅタの碑
くろきづたのひ

1910年に発見された天然記念物の碑

　クロキヅタは1910年に国内で初めて西ノ島で発見されたイワヅタ科の海藻。1922年に国の天然記念物に指定された希少種で、黒木御所付近で見つかったことから命名された。

- 🚌 別府港から徒歩約5分　🅿 なし

図書館 エリア 浦郷 MAP P.82D1
西ノ島町コミュニティ図書館 いかあ屋
にしのしまちょうこみゅにてぃとしょかん いかあや

島の日常に寄り添う、本＋αの文化拠点

　「西ノ島みんなの家」をコンセプトに2018年にオープン。木材を多用したぬくもりある空間で、海に臨む縁側カフェやテラスが旅行者にも好評だ。収集冊数最大5万冊のメインライブラリーには隠岐や離島関係のコーナーも設けられている。

上／背の低い本棚で広さを感じる空間　左下／夕暮れ時の外観が印象的　右下／ドリンクの持ち込みOK

- 🚌 別府港から車で約10分　🏠 西ノ島町浦郷67-8
- ☎ (08514)2-2422　🕐 10:00 〜 19:00　🈺 水曜　🅿 あり

水路 エリア 船越 MAP P.82A1
船引運河
ふなびきうんが

島民の生活を支える船越地区のシンボル

　島のほぼ中心部に位置する長さ340mの運河。もとは幅300mほどの陸地でつながっていたが、大正4年にわずか9ヵ月の工事期間で完成した。漁船や観光船が往来する現在の様子は船越地区の象徴的な風景となっている。

上／運河に架かる橋から望む　左下・右下／多くの船が運河を利用して外海へ向かう

- 🚌 別府港から車で約10分　🅿 なし

VOICE　船引運河の開削工事は村が始まって以来の大事業。しかし当時は重機などなかったため、ほとんどが人力による作業だった。船引運河ができる前は内海から外海へ出るためには船を陸に引っ張り上げていたことから「船越」の地名がついたといわれている。

🎥 史跡　　エリア 船越　　MAP P.82A1

後醍醐天皇御腰掛けの石
ごだいごてんのうおこしかけのいし

路地裏にひっそりとたたずむ伝承の石

　住宅地の一画に祀られた石で、後醍醐天皇が島から脱出する直前、ここから小舟に乗って赤ノ江まで向かう際に、乗船までの間にしばらく腰掛け休息をとったとされる。

🚗 別府港から車で約7分　🅿 なし

🍲 海鮮　　エリア 別府　　MAP P.83F1

磯四季
いそしき

別府港至近で利用しやすい

　ホテル隠岐と同経営の海鮮料理店。海鮮丼1430円、寿司の盛り合わせ1320円〜といった定番メニューのほか郷土料理のえり焼き定食1650円も提供する。

🚗 別府港から徒歩約3分
🏠 西ノ島町別府港　📞（08514）7-8000　🕐 11:00 〜 13:30
🈺 水曜　🅿 あり

🍲 丼・定食　　エリア 別府　　MAP P.83F1

コンセーユ
こんせーゆ

ランチ限定の「ご島地」メニュー

　旅館みつけ島荘直営のランチハウス。名物さざえ丼は歯ざわりのよい地物のサザエとアラメの炒め煮、メカブがトッピングされた味も栄養も考え抜かれた一品。温泉玉子を崩しながら、アツアツのご飯とともにかきこもう。

上／さざえ丼 1210 円
左下／器もユニーク
右下／営業はランチのみとなる

🚗 別府港から徒歩約5分　🏠 西ノ島町美田2152-1　📞（08514）7-8671　🕐 11:30 〜 13:30　🈺 不定休（1、2月休）　🅿 あり

🍲 寿司　　エリア 別府　　MAP P.83F1

善
ぜん

地元客に愛される寿司店

　松にぎり定食1980円や丼付きのよくばり寿司定食2580円が人気。急ぎの対応はできないこともある。時間には余裕をもって。

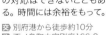

🚗 別府港から徒歩約10分
🏠 西ノ島町大字別府166-2
📞（08514）7-8511　🕐 11:30 〜 14:00、17:30 〜 21:00
🈺 木曜、第3水曜　🅿 あり

🍲 カフェ　　エリア 別府　　MAP P.83F1

あそびとくらしの店 海月堂
あそびとくらしのみせ くらげどう

廃校をリノベしたカフェ＆雑貨店

　趣ある旧黒木小学校の教室を店舗にリノベ。キッズスペースを設え知育玩具やユニークな雑貨の取り扱いも。カフェではご当地レトルトカレーも提供する。

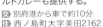

🚗 別府港から車で約10分
🏠 西ノ島町大字美田2162　📞 050-5894-0717　🕐 10:00 〜 16:00（水は〜 19:00）　🈺 木・金曜　💳 可　🅿 あり

🍲 カフェ　　エリア 別府　　MAP P.83F1

民宿・かふぇ春
みんしゅく・かふぇはる

海とフェリーを望む島カフェ

　パンケーキ S500 円／ W800 円やピザ 900 円が人気。港から至近で出港までの待ち時間にも利用しやすい。店主夫妻は1日一組限定の宿も営む。

🚗 別府港から徒歩約3分　🏠 西ノ島町美田尻　📞（08514）2-2062　🕐 11:00 〜 15:00　🈺 月曜（不定休あり）　🅿 あり

🍲 海鮮　　エリア 浦郷　　MAP P.82C1

にしわき鮮魚店
にしわきせんぎょてん

浦郷で新鮮な地魚を味わうなら！

　鮮魚・干物売り場の裏で新鮮な海鮮定食を味わえる。おすすめはさざなみ定食 1800 円。サザエのつぼ焼きやアワビの炊き込みご飯が付いた贅沢な一品だ。

🚗 別府港から車で約10分　🏠 西ノ島町浦郷677　📞（08514）6-0518　🕐 11:00 〜 13:00　🈺 不定休（冬季休業）　🅿 あり

あすか食堂
あすかしょくどう

丼・定食　**エリア** 浦郷　**MAP** P.82D1

20食限定の人気メニュー

　旬の魚の刺身や自家栽培野菜を使った小鉢が並ぶ「わがとこ定食」950円は1日20食限定。昼で売り切れとなることも多い。

別府港から車で約10分
西ノ島町大字浦郷514-4
(08514)6-0401　11:30〜14:00、18:00〜20:00
月曜　駐車場 あり

この海はひろし
このうみはひろし

海鮮　**エリア** 浦郷　**MAP** P.82D1

売り切れごめんの海鮮丼が人気

　鮨あいらと同経営で、メニューは海鮮丼1800円と日替わり弁当650円〜のみ。飲食スペースもあるが、天気がよければテイクアウトするのもおすすめだ。

別府港から車で約10分
西ノ島町浦郷(浦郷港ターミナル内)　050-5484-6415
11:00〜13:30　不定休　**カード** 可　駐車場 あり

おき龍宮堂
おきりゅうぐうどう

丼・定食　**エリア** 浦郷　**MAP** P.82D1

近海でとれた貝料理を味わう

　貝カレー750円や貝定食1200円がおすすめだ。通常の定食メニューもすべて刺身付きだ。10時過ぎまではモーニングメニューのみ。

別府港から車で約10分　西ノ島町浦郷(浦郷港ターミナル内)
(08514)6-0224　8:30〜17:00　火曜　駐車場 あり

ドンキー
どんきー

お弁当・パン　**エリア** 別府　**MAP** P.83F1

早朝から頼れるテイクアウト専門店

　手作りパンや弁当を扱う持ち帰り専門店。好きなおにぎり2種が選べるおにぎり弁当550円は日替わりのおかず付き。出港前に立ち寄るのもいいだろう。

別府港から徒歩すぐ　西ノ島町美田4386-3
(08514)7-8801　9:00〜17:00　木曜　駐車場 あり

鮨あいら
すしあいら

寿司　**エリア** 浦郷　**MAP** P.82D1

浦郷の路地に隠れた創業25年の名店

　漁協から直接仕入れた天然ものが味わえる、完全予約制の人気寿司店。威勢のいい大将がひとりで切り盛りし、メニューはコースが基本。刺身、だし巻き、煮物、寿司、茶碗蒸しの5品で5000円〜。裏メニューのあいら巻き1200円もぜひ。

上／寿司は1貫ずつ握ってくれる　左下／隠れた名物のあいら巻き　右下／座敷1卓とカウンターのみ

別府港から車で約10分　西ノ島町浦郷71-5　090-7540-0547　夜のみ(電話にて予約)　月曜　駐車場 あり

安藤本店
あんどうほんてん

酒・特産品　**エリア** 別府　**MAP** P.83F1

隠岐酒造の酒が揃うみやげ物店

　広い店内には隠岐酒造の地酒をはじめ島みやげが多数揃う。気立てのよいスタッフと会話を楽しみながら選んでみよう。浦郷の「ベーカリー・ブーランジェリー118」特製手作りパンが入手できるのもここだけだ。

上／立派な店構えでよく目立つ　左下／隠岐誉 上撰2096円　中下／おいしいパンも　右下／西ノ島のみやげ店では最大規模

別府港から徒歩約3分　西ノ島町別府4　(08514)7-8848
8:30〜19:00　不定休　**カード** 可　駐車場 あり

Voice〉

安藤本店のある場所は、かつて水上飛行機の飛行場だった。昭和10(1935)年に松江と別府を結ぶ定期空路が誕生したものの、社会状況もあり長く続くことなく閉鎖。飛行場は埋め立てられ現在は見る影もないが、安藤本店に当時の写真資料が展示されている。

🏨 ホテル　エリア 波止　MAP P.82A2

リゾ隠岐ロザージュ
りぞおきろざーじゅ

喧騒から離れた島時間を満喫できる

　焼火山の麓、波止地区にあるリゾートホテル。全客室オーシャンビューの贅沢な造りだが、さらに離れのコテージとログハウスもあり、特別な旅を演出してくれる。夕日に染まる風景を眺めながら味わう海鮮料理は格別だ。全館 Wi-Fi 完備。

上／プライベート感ある旅を演出する　左下／エントランスラウンジ　右下／くつろぎやすい広々とした客室

🚌 別府港から車で約10分　🏠 西ノ島町美田940
📞 (08514)6-1000　🈳 12 ～ 3月　🛏 ホテル15室、コテージ7室　💴 朝8250円～、朝夕1万3200円～
カード 可　駐車場 あり　URL www.oki-rosage.jp

🏨 ホテル　エリア 美田　MAP P.82A1

隠岐シーサイドホテル鶴丸
おきしーさいどほてるつるまる

海風の心地よい美田湾に面したホテル

　マリンテイストあふれる宿。オーシャンビューのレストラン「海遊園」では郷土料理のえり焼き鍋を味わうこともできる。ホテル専用のマリーナを有し、夜光虫を観察できるナイトクルージングも催行する。（→ P.79）

上／建物前がマリーナに左下／浴槽は北前船をイメージ　右下／レストランとロビーでWi-Fi 利用可

🚌 別府港から車で約10分　🏠 西ノ島町美田771-1
📞 (08514)6-1111　🛏 和室15室、コテージ2棟　💴 素8800円～、朝9900円～、朝夕1万3200円～（冬季不定休）
カード 可　駐車場 あり　URL www.oki-tsurumaru.jp

🏨 ホテル　エリア 浦郷　MAP P.82D1

国賀荘
くにがそう

部屋＆大浴場から海景をひとり占め

　浦郷地区の外れの高台に立つ、眺望と海鮮料理が自慢の宿。最奥の和室は 1 枚ガラスを 2 面に張った贅沢な設えで、西ノ島の内海を眼下に収めることができる。

🚌 別府港から車で約10分
🏠 西ノ島町浦郷192　📞 (08514)6-0301　🈳 冬季、シーズン中不定休　🛏 22室　💴 朝1万5400円～　カード 可　駐車場 あり

🏨 旅館　エリア 別府　MAP P.83F1

みつけ島荘
みつけじまそう

元気印の女将がもてなす

　リピーターの多い人気宿。料理が評判で特に岩ガキは夏以降も提供できるように独自の工夫を凝らしている。全室 Wi-Fi 使用可。

🚌 別府港から徒歩約5分
🏠 西ノ島町美田2151-3
📞 (08514)7-8115　🛏 10室　💴 朝夕1万2650円～
カード 可　駐車場 あり　URL www.mitukejimasou.com

🏨 ホテル　エリア 別府　MAP P.83F1

ホテル隠岐
ほてるおき

隠岐汽船ターミナル前の好立地

　別府港から徒歩 2 分で、客室からは朝日や港を往来するフェリーを望むことができる。新鮮な海鮮料理が味わえる食事処「磯四季」を併設する。

🚌 別府港から徒歩約2分
🏠 西ノ島町別府港　📞 (08514)7-8500　🛏 10室　💴 素7700円～、朝8800円～、朝夕1万2100円～　カード 可　駐車場 あり

🏨 ゲストハウス　エリア 大山　MAP P.82B1

TAKUHI.cafe&lifestyle
たくひ.かふぇ&らいふすたいる

大山遊泳場からすぐの 1 日一組限定の宿

　昼はカフェとして稼働している築 100 年超の旧集会所をリノベした宿。客室は板の間と畳の間があり、水回りはきれい。夕食付きは＋ 3000 円。自炊不可。

🚌 別府港から車で約8分
🏠 西ノ島町美田1757　📞 (08514)2-2363　🛏 2室（6名まで）
💴 素1万2100円～、朝1万3200円～　駐車場 あり

voice　隠岐シーサイドホテル鶴丸は 2015 年に山陰海岸では初となる海の駅「おき・にしのしま海の駅」に認定された。ホテル前のマリーナには 3 隻分のビジター専用桟橋を備え、給水・給電設備なども整っている。

89

移住者とともに新たな旅スタイルを創り出す

海士町
（あ ま ちょう）

島名は中ノ島。古くから天皇に食料を献上する「御食つ国（みけつくに）」として知られ、島前では唯一稲作も盛んな半農半漁の島だ。

📷 観る・遊ぶ

後鳥羽天皇の史跡と田園風景が出迎える

後鳥羽天皇にまつわる史跡が集まる中里地区、赤色の岩壁が続く景勝地・明屋海岸が見どころ。日本名水百選の湧水・天川の水の恵みを受けた田畑が広がる光景もまた海士町ならでは。金光寺山の山頂からは島を横断する田園風景を一望できる。

🍽 食べる・飲む

名物グルメが海士の旅を彩る

隠岐牛や、凍結技術 CAS 導入による海産物など島グルメにはこと欠かない。観光客が利用しやすい飲食店は菱浦港周辺に集まるが、昼食時を過ぎるとほとんどの店が一度閉まってしまう。旅の上級者向けではあるが、島のディープな一面を知るにはスナックを利用するのもおもしろい。

🎁 買 う

キンニャモニャセンター内のみやげ店が充実

菱浦港のキンニャモニャセンター内にあるみやげ店「島じゃ常識商店」、産地直売所の「しゃん山」、「大漁」で代表的な島みやげや農・海産物を買い揃えることができる。商品開発にも優れ、島の魅力を伝えるユニークな贈り物としても喜ばれるはず。隠岐神社前の「つなかけ」もおすすめ。

🏠 泊まる

「島宿」で離島ならではの宿泊体験を

大型のホテルは菱浦港に面した「Entô」のみで、個人から団体旅行まで多くの観光客が利用する。そのほかのおすすめは"島宿"。島宿とは観光協会と（株）島ファクトリーが運営を支援し、港までの送迎などを代行することで、快適かつ民宿ならではのよさを兼ね備えた宿のこと。「但馬屋」「なかむら」「和泉荘」が該当する。

中ノ島（海士町）全図

別府港

西ノ島

319

知天村へ↓

菱浦中心部

● 観る・遊ぶ
Ⓡ 食事処
Ⓢ みやげ物店
Ⓗ 宿泊施設
Ⓐ アクティビティ会社
ⓘ 観光案内所

0 — 100m

Entô P.97 Ⓗ

レインボービーチ

島生まれ島育ち 隠岐牛店 P.25 Ⓡ

島のほけんしつ『蔵 kura』P.93、102

隠岐島前高校🏫

きくらげちゃかぽん Motekoiyo P.95 Ⓡ

あざ美荘 P.126 Ⓗ

菱浦郵便局

フェリー乗り場

海中展望船あまんぼう P.78

菱浦港

八雲広場 P.93

芳田旅館

かたえ

317

317

キンニャモニャセンター
Ⓡ船渡来流亭 P.94
Ⓢ島じゃ常識商店 P.96
Ⓢしゃん山／大漁 P.96
ⓘ海士町観光協会 P.126
Ⓐ Amalium P.79
Ⓐキンニャモニャしゃもじ絵付け体験 P.80

Ⓡ味蔵 P.95

Ⓡ八千代 P.95

Ⓡ Italian Café Radice P.95

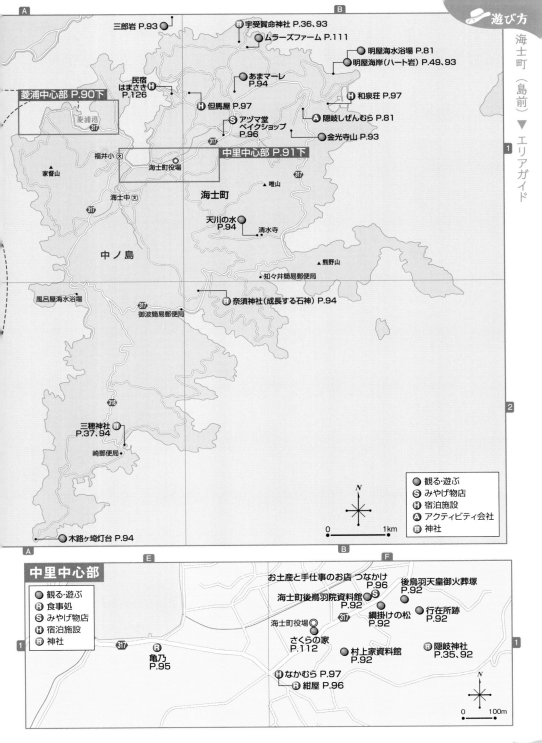

三郎岩 P.93

宇受賀命神社 P.36、93

ムラーズファーム P.111

明屋海水浴場 P.81

明屋海岸（ハート岩）P.49、93

菱浦中心部 P.90下

菱浦港

317

あまマーレ
P.94

民宿
はまさき
P.126

和泉荘 P.97

但馬屋 P.97

アヅマ堂
ベイクショップ
P.96

隠岐しぜんむら P.81

金光寺山 P.93

中里中心部 P.91下

福井小

家督山

海士町役場

317

海士中

317

唯山

海士町

天川の水
P.94

清水寺

中ノ島

熊野山

知々井簡易郵便局

風呂屋海水浴場

317

御波簡易郵便局

奈須神社（成長する石神）P.94

318

三穂神社
P.37、94

崎郵便局

●	観る・遊ぶ
Ⓢ	みやげ物店
Ⓗ	宿泊施設
Ⓐ	アクティビティ会社
⊞	神社

N

0　　　　1km

木路ヶ埼灯台 P.94

A　　E　　B　　F

中里中心部

●	観る・遊ぶ
Ⓡ	食事処
Ⓢ	みやげ物店
Ⓗ	宿泊施設
⊞	神社

317

お土産と手仕事のお店 つなかけ
P.96

後鳥羽天皇御火葬塚
P.92

海士町後鳥羽院資料館
P.92

綱掛けの松
P.92

行在所跡
P.92

海士町役場

317

亀乃
P.95

さくらの家
P.112

村上家資料館
P.92

隠岐神社
P.35、92

なかむら P.97

紺屋 P.96

N

0　　100m

神社　エリア 中里　MAP P.91F1

隠岐神社
おきじんじゃ

島民の心を束ねるよりどころ

　後鳥羽天皇を祀った海士町を代表する神社で、崩御から700年の節目となる1939年に造られた。本殿は隠岐造りと呼ばれる隠岐独特の建築様式。桜の名所としても知られ、夜の隠岐神社まいりなど島の盛り上がりにも一役買っている。

左／立派な拝殿　右上／神輿を置く宝物殿　右下／俳人・加藤楸邨（しゅうそん）の句碑

🚗 菱浦港から車で約10分　🏠 海士町海士1784　🅿️ あり

資料館　エリア 中里　MAP P.91F1

村上家資料館
むらかみけしりょうかん

旧家に残された貴重な資料を展示

　後鳥羽天皇にお仕えしたとの由緒をもつ旧家の、明治期の母屋を改修した資料館。中世から江戸時代を含む1600点以上の古文書が残され、海士や隠岐の歴史、本土との交流の様子などをうかがい知れる。

上・右下／趣ある館内。皇族がご休憩した部屋も　左下／海士町後鳥羽院資料館との共通券は500円

🚗 菱浦港から車で約10分　🏠 海士町海士1700-2
☎ (08514)2-2228　🕒 9:00〜17:00
📅 12〜2月　💴 大人300円、小人150円　🅿️ あり

史跡　エリア 中里　MAP P.91F1

行在所跡
あんざいしょあと

後鳥羽天皇が過ごした寺の跡

　19年間にわたって後鳥羽天皇の行在所となった源福寺の跡地で現在は礎石と石標が立つのみ。隣にある勝田池のほとりには後鳥羽天皇の御製を刻んだ歌碑が立っている。

🚗 菱浦港から車で約10分　🅿️ あり

資料館　エリア 中里　MAP P.91F1

海士町後鳥羽院資料館
あまちょうごとばいんしりょうかん

隠岐神社向かいの資料館

　隠岐神社に奉納された刀剣などの宝物や後鳥羽天皇に縁のある品々、島内遺跡で出土した考古資料を展示する。村上家資料館との共通券は500円。

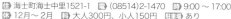

🚗 菱浦港から車で約10分
🏠 海士町海士中里1521-1　☎ (08514)2-1470　🕒 9:00〜17:00
📅 12月〜2月　💴 大人300円、小人150円　🅿️ あり

史跡　エリア 中里　MAP P.91F1

後鳥羽天皇御火葬塚
ごとばてんのうごかそうづか

後鳥羽天皇の遺骨が眠る

　行在所跡に隣接する後鳥羽天皇の御陵。当初の形は不明であるが、江戸時代に隠岐へ配流された飛鳥井雅賢が私財を投じた整備事業が現在の形のもとと伝わる。

🚗 菱浦港から車で約10分　🅿️ あり

史跡　エリア 中里　MAP P.91F1

綱掛けの松
つなかけのまつ

船の係留に使われた松

　明治初期までは御火葬塚の参道入口まで船で来られたという。当時船を係留させるために綱をかけていたとされる老松があったが1991年に伐採。切り株が現存している。

🚗 菱浦港から車で約10分　🅿️ あり

Voice　隠岐神社では「夜の隠岐神社まいり」を開催している。「隠岐神社の夜祈願」コースでは神主さんの導きで本格的なご祈祷を受けられる。問い合わせは海士町観光協会（→P.126）まで。

明屋海岸（ハート岩）

📷 景勝地　　エリア 豊田　MAP P.91B1

あきやかいがん

幸運＆縁結びのパワースポット

　珍しい地質が見られるジオサイトのひとつで、海岸沿いに続く赤色の岩壁は溶岩のしぶきが堆積したもの。西側に見られる岩はハート形の空洞があることからハート岩とも呼ばれ、縁結びのパワースポットとなっている。

上／ハート岩 左／下／溶岩が固まった痕跡も 右下／キャンプ＆海水浴場でもある

🚶 菱浦港から車で約20分　🅿️ あり

三郎岩

📷 景勝地　　エリア 菱浦　MAP P.91A1

さぶろういわ

島民に親しまれる兄弟岩

　菱浦港の北東海上に浮かぶ3つの岩。大きいほうから太郎、次郎、三郎と呼ばれている。海中展望船あまんぼうで訪れることができる。

🚶 菱浦港から海中展望船あまんぼうで約15分

金光寺山

📷 展望台　　エリア 豊田　MAP P.91B1

きんこうじさん

のどかな風景に疲れを癒す

　古くから霊山として信仰される山。標高164mの山頂から、海士の里山風景や遠くに島後も見渡せる。4月頃には山桜で染まった景色を楽しむこともできる。

🚶 菱浦港から車で約30分　🅿️ あり

八雲広場

📷 公園　　エリア 菱浦　MAP P.90D1

やくもひろば

海を眺めハーンは何を想う

　文学者の小泉八雲ことラフカディオ・ハーンが明治25年の隠岐旅行中に利用した岡崎旅館の跡地。「鏡浦」とハーンが名づけた菱浦湾を妻のセツと眺めるように銅像が並ぶ。

🚶 菱浦港から徒歩約5分　🏠 海士町菱浦1　🅿️ あり

宇受賀命神社

📷 神社　　エリア 宇受賀　MAP P.91B1

うつかみことじんじゃ

田園地帯の鎮守の森

　延喜式神名帳では最高位の名神大社に名が載る古社。島後の正面、波音が最もよく聞こえる位置に境内があり、古来から島の安全を守る神としてあがめられてきた。

🚶 菱浦港から車で約20分　🏠 海士町大字宇受賀　🅿️ なし

島のほけんしつ『蔵 kura』

📷 サービス　　エリア 菱浦　MAP P.90D1

しまのほけんしつ くら

島内指折りの癒やしスポット

　蔵を活用した心と体のケアルーム。カフェスペースでは厳選したハーブティーやコーヒーなどのドリンクを楽しめ、島内外問わず絶えず訪れる人たちの癒やしと交流の場となっている。季節のオリジナルブレンドハーブティー 800円など。

上／ぬくもりあふれるカフェスペース 左下・右下／別棟にはケアルームとフリースペースも

🚶 菱浦港から徒歩約3分　🏠 海士町福井1367-1
📞 080-5333-0813　🕘 9:00 〜 18:00　❌ 不定休
🅿️ なし　URL www.ama-kura.com

VOICE〈 『怪談』で有名な小泉八雲ことラフカディオ・ハーンだが、一方で優れた紀行作家でもあった。明治25年にハーンが隠岐へ来島したときの様子は、著書『新編 日本の面影 Ⅱ』（→ P.115）に描かれているのでぜひ、ご一読あれ。

93

コミュニティ施設　エリア 東　MAP P.91B1

あまマーレ
あままーれ

交流深まる海士町民のあそび場

移住者が増加するなか、新旧住民が垣根なくつながるための場として作られたコミュニティ施設。旧保育園を再活用したもので、遊戯室や工作室、古道具屋など利用方法は実にさまざま。もちろん旅行者もウエルカムだ。

上／島内で収集された生活雑貨が並ぶ古道具屋さん　左下／保育園時代の名残も　右下／気軽に立ち寄ろう

菱浦港から車で約15分　海士町大字海士4958-1
(08514)2-2525　10:00〜17:00　木曜　駐車場 あり

名水　エリア 保々見　MAP P.91B1

天川の水
てんがわのみず

清水寺に湧く隠岐を代表する名水

日本名水百選に名を連ね、毎日400トンもの地下水が清水寺境内に湧いている。現在は農業用水として幅広く島民に利用されており、一説には奈良時代に大僧正の行基が隠岐行脚で訪れた際に名づけたともいわれる由緒ある名水だ。

菱浦港から車で約20分　駐車場 あり

神社　エリア 崎　MAP P.91A2

三穂神社
みほじんじゃ

後鳥羽天皇の宿泊地と伝わる神社

後鳥羽天皇が海士で初めての一夜を過ごした場所として知られ、近くには休息に使われた御腰掛けの石が残る。同地区には日露戦争時の陸軍大将・乃木希典の愛馬、寿号の墓もある。

菱浦港から車で約25分　海士町大字崎　駐車場 なし

展望台　エリア 崎　MAP P.91A2

木路ヶ埼灯台
きろがさきとうだい

雄大な景色をひとり占め！

海士町最南端の灯台。島前カルデラを一望でき、夕日や漁火の観賞スポットとしても人気だ。広場には大きな方位図が描かれ、国内や周辺国の都市名と方角が示されている。

菱浦港から車で約30分　駐車場 あり

神社　エリア 御波　MAP P.91B2

奈須神社（成長する石神）
なすじんじゃ（せいちょうするいしがみ）

海士町観光の裏名物

不思議な神石を祀る神社。その昔、田んぼの中に転がっていた石を何度よけてもまたもとの場所に戻ってしまうことから神社に奉納したところ、巨石に成長したとの伝承が残る。

菱浦港から車で約15分　海士町御波　駐車場 なし

海鮮　エリア 菱浦　MAP P.90D1

船渡来流亭
せんとらるてい

フェリー乗り場直結のレストラン

キンニャモニャセンター直結で、海士町観光の前後に利用しやすい。寒シマメ漬け丼1078円など、地元の食材を使った料理を楽しめる。レストランからは西ノ島や海士の海を一望することができる。

上／寒シマメ漬け丼は自分で盛りつけを楽しめる　左下／明るく開放的な空間　右下／島じゃ常識さざえカレー1200円（数量限定）

菱浦港承久海道キンニャモニャセンター2階　海士町福井1365-5　(08514)2-1510　11:00〜14:00　火曜（冬季営業日変更）　駐車場 あり

VOICE　あまマーレは中里地区から宇受賀命神社のある宇受賀地区へと向かう道中、旅行者が素通りしてしまうような場所にある。迷ってしまう前に島の人に道を尋ねよう。

味蔵 _{みくら}

🍴 海鮮　エリア 菱浦　MAP P.90D1

釣り好き大将が腕を振るう

　隠岐近海でとれた魚介をちりばめた海鮮丼 1000 円や海鮮定食 1500 円のほか、居酒屋風単品メニューも充実。「お客さんが望めばずっと店を開けてるよ！」と大将の宇野将之さん。釣り船も出しているので釣り好きはお問い合わせを。

上／ごまだれが食欲をそそる海鮮丼　左下／海鮮定食もおすすめ　右下／菱浦港の東端に位置する

🚶 菱浦港から徒歩約10分　🏠 海士町大字福井827-1
☎ (08514)2-1539　🕐 18:00 〜 21:00(20:30L.O.)
🈳 日曜　🅿 あり

Italian Café Radice _{いたりあん かふぇ らでぃーちぇ}

🍴 イタリアン　エリア 菱浦　MAP P.90D1

予約必須の絶品イタリアン

　海士町出身のオーナーシェフ桑本千鶴さんが営む注目店。昼はカフェメニューのみ（土曜のみパスタセットを提供）となるため、地魚や地野菜を取り入れた本格創作イタリアンを味わうには夜のコースを予約しよう。コースは 4200 円〜。

上／コースはどれも手の込んだ品ばかり。数種のコースを用意　左下・右下／テラス席でカフェはいかが？

🚶 菱浦港から徒歩約6分　🏠 海士町大字福井968-1　☎ (08514)2-1278　🕐 カフェ 14:00〜16:00(火〜金)、ランチ13:00〜16:00(土のみ)、18:00〜22:00(21:00L.O.)　🈳 日・月曜　🅿 あり

きくらげちゃかぽん Motekoiyo _{きくらげちゃかぽん もてこいよ}

🍴 食堂　エリア 菱浦　MAP P.90D1

隠岐の滋味あふれる発酵食堂

　東京出身の店主が隠岐の素材や郷土料理を楽しんでもらえるものをと2020年にオープン。自家製の発酵食品を活用し、健康志向の滋味深い食事が楽しめる。丸盆で提供される隠岐御膳 2000 円は隠岐の恵みと店主の創意とが詰まった逸品だ。

左／見た目にも華やかな隠岐御膳。ふくぎ茶付き　右上／店は図書館機能も備え、地域コミュニティの一端を担う　右下／玄米ご飯もおいしいと評判だ

🚶 菱浦港から徒歩約3分　🏠 海士町福井1365-1
☎ 090-6538-0826　🕐 11:30〜14:00(土日は〜16:00)、18:00〜21:30　🈳 不定休　🅿 なし

八千代 _{やちよ}

🍴 寿司　エリア 菱浦　MAP P.90D1

寿司屋でちゃんぽん!? が美味

　寿司屋ながらちゃんぽん 800 円が常連さんの人気メニュー。旬の地魚と海士町産の米を使ったにぎり寿司は、大将にその日のおすすめを尋ねよう。春には岩ガキ寿司も味わえる。

🚶 菱浦港から徒歩約5分　🏠 海士町福井851-5　☎ (08514)2-0643　🕐 11:30〜13:30、18:00〜21:00　🈳 月曜　🅿 あり

亀乃 _{かめの}

🍴 洋食　エリア 中里　MAP P.91E1

自慢のハンバーグをご賞味あれ

　地元に愛される老舗洋食店。ドミグラスソースが決め手のハンバーグ定食1000円、生姜焼き定食1000円は不動の人気メニュー。入口は正面左右にある。

🚶 菱浦港から車で約5分
🏠 海士町海士1077　☎ (08514)2-1068　🕐 11:30 〜 13:30　🈳 不定休　🅿 あり

VOICE

洋食屋・亀乃のご夫妻の息子さんは、東京・三軒茶屋でフレンチレストラン「Bistro Rigolé（ビストロリゴレ）」を営んでいる。隠岐から直送される魚介類をふんだんに使用したメニューが人気とのこと。

95

🍶 居酒屋　　エリア 中里　MAP P.91F1
紺屋
こうや

一生モノの出会いがここに!?

　見た目にも美しい本格的な料理を味わえる居酒屋で、お造りは予算に応じて注文可。「公民館のような空間に」との主人の思いから、気軽に島民と交流できるような雰囲気でくつろげる。不定期に音楽ライブも開催している。

上／おまかせコース2500円〜（料理3品＋ワンドリンク）のほか魚介などの一品料理が味わえる　左下・右下／宿のなかむらに併設

🚗 菱浦港から車で約10分　🏠 海士町海士1456-5　📞 (08514)2-1717　🕐 18:30〜22:00(21:30L.O.)※ディナー要予約　🈚 不定休　🅿 あり

🎁 お土産　　エリア 中里　MAP P.91F1
お土産と手仕事のお店 つなかけ
おみやげとてしごとのおみせ つなかけ

ベーカリー併設の新・おみやげ店

　2019年、隠岐神社前にオープン。島の素材を使った作家アイテムも多数扱い、さながら島のセレクトショップといったところ。島民に長く愛される「ときわベーカリー」の工房も構え、昼前には焼き上がったばかりのパンが店頭に並ぶ。

 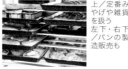

上／定番みやげや雑貨を扱う　左下・右下／パンの製造販売も

🚗 菱浦港から車で約10分　🏠 海士町海士1521-1　📞 (08514)2-0717　🕐 9:00〜17:00　🈚 不定休　🅿 あり

🎁 特産品　　エリア 菱浦　MAP P.90D1
しゃん山／大漁
しゃんやま／だいりょう

地元農産物が集結する直売所

　島じゃ常識商店の向かいに並ぶ、新鮮な地元産の農産物を扱う「しゃん山」と、鮮魚を取り揃える「大漁」のふたつの直売所。CAS凍結商品や加工品などもありおみやげ選びにはこと欠かない。地元民に人気の弁当や総菜もおいしそう。

上／木のあたたかみのある店内　左下／漁協直営の「大漁」　右下／野菜には生産者の名前を表示

🚗 菱浦港承久海道キンニャモニャセンター1階　🏠 海士町福井1365-5　📞 しゃん山(08514)2-1006、大漁(08514)2-0709　🕐 9:00〜18:00　🈚 なし　🅿 あり

🎁 特産品　　エリア 菱浦　MAP P.90D1
島じゃ常識商店
しまじゃじょうしきしょうてん

海士の玄関口にある便利な商店

　観光協会向かいのモダンな商店。島の代表的なおみやげが揃い、まとめ買いに便利。コーヒーやソフトクリームなども扱う。

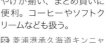

🚗 菱浦港承久海道キンニャモニャセンター1階　🏠 海士町福井1365-5　📞 (08514)2-1510　🕐 7:30〜18:30　※季節変動あり　🈚 なし　🅿 あり

🎁 焼き菓子　　エリア 東　MAP P.91B1
アヅマ堂ベイクショップ
あづまどうべいくしょっぷ

旧菓子店の古民家で営むベイクショップ

　週替わりでくるみアンパン250円や全粒粉チョコスコーン220円〜など5〜6種類のパンや焼き菓子を販売。最新情報はfacebookやLINEをチェックして。

🚗 菱浦港から車で約10分　🏠 海士町大字海士1839-3　📞 なし　🕐 11:00〜17:00(売り切れ次第閉店)　🈚 日〜木曜　🅿 なし

Voice< Italian Café Radiceや紺屋では、地元で農家を営むムラーズファーム（→P.111）の無農薬野菜や平飼い鶏の有精卵を使用している。紺屋の「ムラーさんの玉子を使った玉子かけご飯」300円も気になる一品。

🏨 ホテル　エリア 菱浦　MAP P.90D1

Entô
えんとう

「何もしない」をする贅沢な旅の演出空間

　海士町の玄関口・菱浦湾に面した島の顔ともいえるホテル。本館の Entô BASE と別館の Entô Annex NEST に分かれ、NEST は全室海側が全面ガラス張り。入室した際に目に飛び込む景色こそが最大の魅力ととらえ、家具や調度品はシンプル＆ミニマルに設えられている。また隠岐ジオパークの拠点施設でもあり、展示施設の Geo Room"Discover" は一般に開放。解説員によるガイド（16:00 〜、無料）に参加すればより隠岐への理解も深まるだろう。

右上・左／プライベートテラスを備えた NEST DX（ネスト デラックス）。バスルームからも海を望める

左上／Geo Room"Discover"。実物を体験する余白を大切にし、あえて展示物を白色で統一しているそう　右上／立地に優れ島前の旅の拠点にもいい

上／本館のエントランスホールも開放的　左／ショップで取り扱う「海士の本みりん 儘（まま）」3000円は贈答品にも人気

🚌 菱浦港から徒歩約3分　🏠 海士町福井1375-1　☎ 050-3198-9491　客室数 36室　💴 素1万9250円〜、朝2万1450円〜、朝夕3万2450円〜（別館Annex NEST料金）　カード 可　駐車場 あり　URL https://ento-oki.jp

---

🏨 民宿　エリア 北分　MAP P.91B1

但馬屋
たじまや

島ならではのもてなしがうれしい

　北分湾にほど近い、"自産自消" の豊かな島暮らしを体感できる宿。手作り食材をふんだんに使った料理はどれも体に優しく新鮮で、これだけでも宿泊する価値がある。夕食時に女将が踊るキンニャモニャも旅の楽しい思い出となるだろう。

上／キンニャモニャ踊りを披露　左下／料理はすべて手作り　右下／民宿ながらWi-Fiもある

🚌 菱浦港から車で約10分　🏠 海士町大字海士4602-1　☎ (08514)2-0437　客室数 7室　💴 素9800円〜、朝1万1100円〜、朝夕1万5900円〜　駐車場 あり

🏨 民宿　エリア 中里　MAP P.91F1

なかむら
なかむら

人と人の出会いを生む宿

　中里地区にあり隠岐神社にも徒歩圏内。4代続く老舗ながらフランクなもてなしで人気。ミュージシャン界隈では「ライブのできる宿」としても知られる。

🚌 菱浦港から車で約10分　🏠 海士町海士1456-5　☎ (08514)2-1717　客室数 7室　💴 素8140円〜、朝9240円〜、朝夕1万3200円〜　駐車場 あり

🏨 民宿　エリア 豊田　MAP P.91B1

和泉荘
いずみそう

家族のようにあたたかく迎える

　気さくな女将があたたかく出迎える素朴な宿。空きがあればぜひ海の見える部屋を選びたい。朝日に白む豊田漁港をのんびり散歩するのもまた楽しい。

🚌 菱浦港から車で約20分　🏠 海士町豊田147　☎ (08514)2-0547　客室数 3室　💴 朝6600円〜、朝夕9900円〜　駐車場 あり

　但馬屋、なかむら、和泉荘の3軒の宿は、島の郷土料理や人のあたたかみに触れられる宿として「島宿」と呼ばれている。宿選びは旅の善し悪しを決める大切な要素。それぞれに魅力的なホストが出迎えてくれ、きっと思い出深い体験となるはずだ。

知夫村
ちぶむら

隠岐の中でいちばん小さな知夫里島はの
んびりとした島らしさが漂う。人口600
人ほどに対し牛が約600頭。島をドライ
ブすれば草を食む牛の姿を目にする。

📷 観る・遊ぶ

ハイライトはダイナミックな赤壁

知夫村の観光の目玉は赤壁。島の西側に
広がる南北1km、高さ数十〜200mに及ぶ
海食崖で、中国の「赤壁の戦い」になぞらえ
てこう呼ばれている。島の最高峰は324.5
mのアカハゲ山で、頂上にある展望台からは
海に浮かぶ隠岐諸島や丘陵地帯に牛が暮ら
す牧歌的な光景を見ることができる。

🍷 食べる・飲む

新店舗オープンで活気づく島の食事情

以前は食事の選択肢がほとんどない状況
だったが、近年「Chez SAWA」（→P.24）「の
らり珈琲」（→P.26）「小料理屋どんどん」
（→P.101）といった飲食店が次々にオープ
ン。島の食事情は飛躍的に改善された。た
だし休業日などの最新情報は事前にチェック
しておくように。

🎁 買う

海産やアワビの殻を使ったアクセサリーも

知夫村の特産はサザエをはじめとした魚
介類や海藻、藻塩など。島で唯一の洋菓子
工房「めにーでーる」の豆腐を使った無添
加のお菓子やジャムなども人気で、観光協
会に併設された売店で購入できる。また、
島にはコンビニはないが、役場の近くに商
店があり食料品や日用品が手に入る。

🏠 泊まる

ハイシーズンは早めに予約を

島でいちばん設備が整っているのは「ホ
テル知夫の里」（→P.101）。海を望む高台と
いうロケーションにあり、絶景と美食を堪能
できる。そのほか、民宿や民泊が数軒ある
がオフシーズンはクローズすることも。一方
で夏休みはほぼ満室状態となるので早めの
予約を心がけて。

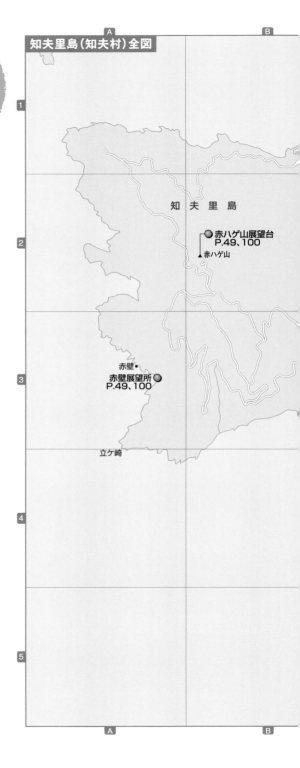

知夫里島（知夫村）全図

知夫里島

赤ハゲ山展望台
P.49、100
▲赤ハゲ山

赤壁・
赤壁展望所
P.49、100

立ケ崎

中ノ島

海士町

322

来居港フェリーターミナル

来居港

Ⓐ 赤壁遊覧船 P.79
Ⓐ 貝殻オブジェ製作体験 P.80
ⓘ 知夫里島観光協会 P.126
Ⓢ 知夫里島観光協会売店 P.101

旅館一休 P.126 Ⓗ

民宿なかはま P.101 Ⓗ

イニングカフェDONA Ⓡ P.100

Ⓐ MY知夫七味体験 P.80

知 夫 村

Ⓢ 河井の地蔵さんの水 P.100

知夫小中学校

322

知夫村役場◎

天佐志比古命神社（一宮神社）P.37

Ⓐ 大峯山

民宿つるや P.126

Ⓡ 小料理屋どんどん P.101

知夫郵便局•

Ⓗ 民泊 古風の宿孤島 P.101

知 夫 里 島

Ⓡ Chez SAWA P.24

Ⓡ のらり珈琲 P.26

Ⓗ 民泊 小新家本店 P.101

322

Ⓗ ホテル知夫の里 P.101

Ⓢ 長尾鼻 P.100

Ⓢ 島津島渡津海水浴場 P.81

御越鼻

Ⓢ 島津島 P.100

Ⓐ 高平山

松ケ崎

大波加島

浅島

•知夫里島灯台

神島

才ケ崎

大頭崎

N

0   500m

Ⓢ 観る・遊ぶ
Ⓡ 食事処
Ⓢ みやげ物店
Ⓗ 宿泊施設
Ⓐ アクティビティ会社
Ⓣ 神社
ⓘ 観光案内所

赤壁展望所

エリア 西部　MAP P.98A3

展望台

せきへきてんぼうじょ

赤、黄、紫に輝く知夫村きっての景勝地

　駐車場から遊歩道を歩くと突如目の前に現れる断崖が赤壁。最高所200mにもなる海からそそりたつ壁は、岩に含まれる鉱物の影響で鮮やかに輝くことからその名がついた。国の名勝天然記念物に指定されている。

上／赤壁遊覧船（要予約）で海から見るのもおすすめ　左下／遊歩道　右下／断崖の上で草を食む牛

交 来居港から車で約20分、そこから徒歩約5分　駐車場 あり

赤ハゲ山展望台

エリア 西部　MAP P.98B2

展望台

あかはげやまてんぼうだい

島の最高峰から島前カルデラを見渡す

　324.5mと知夫里島最高所の赤ハゲ山。頂上には展望台があり、ぐるっと360度見渡すことができる。頂上から少し下った所には後醍醐天皇が滞在したことを示す石碑が立っている。春は野だいこんの花が咲き乱れ美しい。

上／一面に咲く野だいこんの花　左下／島前カルデラを一望　右下／山頂の展望台

交 来居港から車で約20分　駐車場 あり

長尾鼻

エリア 仁夫　MAP P.99C4

景勝地

ながおばな

9～10月にはトウテイランが咲く

　ホテル知夫の里から徒歩10分ほどの所にある岬。9～10月には紫色のトウテイランが咲き、美しい。岬の下は長尾海水浴場となっており、夏は海水浴客でにぎわう。

交 来居港から車で約15分そこから徒歩3分　駐車場 あり

河井の地蔵さんの水

エリア 郡　MAP P.99C2

湧水

かわいのじぞうさんのみず

島根の名水に指定された湧水

　来居港から郡地区に向かう県道沿い、山を越えると道路脇にお地蔵さんが立ち並び、そこに水が湧いている。今でも暮らしの湧水として島民が生活用水としてくみに訪れる。

交 来居港から車で約3分　駐車場 なし

島津島

エリア 島津島　MAP P.99D4

島

しまづしま

開放感抜群の海水浴場

　知夫里島と橋で結ばれた島津島。海水浴場やキャンプ場が整備された憩いの場。海岸の崖では、550万年前の生き物の巣穴や、生き物の活動の痕跡である生痕化石が見られる。

交 来居港から車で約15分　駐車場 あり

ダイニングカフェ DONA

エリア 来居　MAP P.99C2

レストラン

だいにんぐかふぇ どな

民宿でいただく自然食ランチ

　地元の無農薬野菜や有機栽培など体に優しい食事を提供する。さざえコロッケ定食1100円が名物で、そのほかにその丼版であるドナコロ丼1100円もある。

交 来居港から車で約5分　住 知夫村1578-2（民宿なかはま）　電 (08514)8-2268　時 11:30～13:30　休 火曜　駐車場 あり

Voice　知夫里島には隠岐で唯一タヌキが生息している。昭和16年、本土から寄贈されたつがいのタヌキが野生化したもの。天敵がいなかった島でタヌキはあっという間に増えた。現在2000匹程度といわれ、知夫の人口よりずっと多いタヌキが生息していることになる。

小料理屋どんどん

居酒屋　エリア 多沢　MAP P.99D3

こりょうりやどんどん

定食メニューも充実する気取らない食事処

飲食店のない多沢地区では貴重な存在で、刺身定食のほか地元客向けの一般的な定食メニューも充実。観光シーズンには鯛めしやさざえご飯などのパックも販売し、ドライブやツーリングのお供にぴったり。自家製アイス400円も人気。

上／刺身定食1500円　左下・右下／店名は花札遊びから命名。店内には花札のディスプレイも

🚗 来居港から車で約5分　🏠 知夫村多沢578-19　☎ (08514)2-2174　🕐 11:30～14:00 (L.O.13:30)、17:30～21:00 (L.O.20:30)　休 火・水曜（不定休あり）　🅿 あり

知夫里島観光協会売店

お土産　エリア 来居　MAP P.99C2

ちぶりじまかんこうきょうかいばいてん

島の特産品を買うならここ

来居港フェリーターミナル内にある売店。海産物の加工品や隠岐汽船グッズ、地元作家の工芸品などが売られている。島で唯一の洋菓子工房「めにーでーる」の、国産や島で取れた素材を使った体に優しい焼き菓子もおすすめ。

上・左下／ターミナル1階の観光協会に併設　右下／めにーでーるの焼き菓子も豊富に揃う

🚗 来居港内　🏠 知夫村来居1730-6　☎ (08514)8-2272（知夫里島観光協会）　🕐 8:30～17:00　休 なし　🅿 あり

ホテル知夫の里

ホテル　エリア 仁夫　MAP P.99C3

ほてるちぶのさと

知夫里島随一の観光ホテル

島の南側の高台に立ち、絶景が自慢。ツインルームや6名まで泊まれる和室がありグループにも最適。日本海の海の幸や島根和牛を使った夕食も好評だ。

🚗 来居港から車で約10分　🏠 知夫村1242-1　☎ (08514)8-2500　客室数 13室　料 朝夕1万3200円～　カード 可　🅿 あり　URL http://tibunosato.com

民泊 古風の宿孤島

民泊　エリア 多沢　MAP P.99D3

みんぱく こふうのやどことう

昔ながらの島暮らしを体験

多沢地区の小さな入江に面した、築約60年の古民家宿。そこかしこに素朴な風情を留め、薪焚き風呂や島食材を使った調理体験も楽しめる。詳細はHPへ。

🚗 来居港から車で約10分　🏠 知夫村587-1　☎ 090-7899-3045　客室数 2室(6名まで)　料 素5000円、朝夕7500円　休 不定休　🅿 あり　URL http://chibukotou.html.xdomain.jp

民宿なかはま

民宿　エリア 来居　MAP P.99C2

みんしゅくなかはま

昼にはランチも営業する民宿

河井の地蔵さんの水の近く。2室のみだが島の素材を生かした食事が好評。シーズン中は地元野菜や魚などを出すダイニングカフェDONAもオープンする。

🚗 来居港から車で約5分　🏠 知夫村来居1578-2　☎ (08514)8-2268　客室数 2室　料 朝夕8800円　🅿 あり

民泊 小新家本店

民泊　エリア 薄毛　MAP P.99D3

みんぱく こしんやほんてん

女将さんのおもてなしが光る宿

島津島に近い薄毛地区にあるホスピタリティあふれる宿。食事は併設する創作料理のお店「おっかさん」で。1名貸し切りのプライベート空間 壱番館もある。

🚗 来居港から車で約12分　🏠 知夫村393-1　☎ 050-3623-5316　客室数 3室　料 朝夕1万2000円～（素泊まり、1食のみも可）　🅿 あり

Voice　知夫里島は島の多くが放牧地となっていて、牛をそこかしこに目にするが、放牧地から牛たちが出てこないような仕掛けもある。それが道路に作られた溝だ。これはテキサスゲートと呼ばれ、人間や車は往来できるが家畜の侵入・脱走は防げる仕組みとなっている。

101

菱浦港の裏道にたたずむ蔵が、こちらの店舗。看板が目印

これからの海士町に必要なものは「癒やし」だと思うんです

島のほけんしつ『蔵 kura』　**島根 輝美**さん（しまねてるみ）

木の梁と白壁、味のある調度品があたたかみを感じさせる

心身のケアをサポートしたくて海士町へ移住

　U・Iターンの移住者が人口の約2割を占める海士町。「島のほけんしつ『蔵』」を営む島根輝美さんも、2015年に兵庫県から移住してきたひとりだ。

　移住の目的はセラピストとして活動するため。それまでは会社勤めのかたわら、アロマセラピーをはじめ東洋医学や基礎医学、解剖生理学などを学び、将来に向けて機をうかがっていた。そんな折に耳に入ったのが移住者を積極的に受け入れ、新たな町づくりを推進する海士町の話題だった。

赤ぶどうやクローバー、ペパーミントなどの乾燥ハーブを約20種揃える

　実は島根さんの両親は海士町出身で、自身も幼少期に島へ遊びに来たことがあったという。

「当時の記憶といえばとにかく自然がいっぱいだったことくらい。でも数年ぶりに再訪した海士町の変化に、その思いは一変しました」

　間もなく会社を退職して一念発起、縁を感じた海士町へ地域おこし協力隊の一員として来島した。以来地道な働きかけが功を奏し、町が保存する蔵を活用できることに。移住から1年足らずの2016年3月、海士町で念願のケアルームをオープンさせることとなった。

自分に優しくなれる島であり続けられるように

　ケアメニューは精油を用いたアロマトリートメントやクレイケア、お客さん自らが約20種類のハーブから選び取るマイハーブティーづくりが基本。ハーブには島根さん自らが島で採取した草木も含まれる。

「今は島に限らず薬に頼ることも多い時代です。でも自分でできるケアも、もう少しあっていいと思うんですよね」

　島暮らしという言葉の響きは心地よいが、その裏には不便や困難も多く存在する。セラピーを通じて、島民一人ひとりがよりよく生きていけるようにサポートしたいというのが島根さんの願いだ。

「今後は海士町から全国へ、一人ひとりが心も体も"ごきげん"に生きることを発信していきたい。旅行者はもちろん、地元の人も、新しい環境の中で苦労や悩みを抱えることもある移住者も自然と自分に優しくなれる、そんな島であり続けてほしいです」

　物腰の柔らかな言葉の奥に、島根さんの芯の強さがキラリと光る。海士町が理想とする未来へと進む上で、「島のほけんしつ」はその存在感をさらに増していくだろう。

島のほけんしつ『蔵 kura』（→P.93）

よく知ると、もっと隠岐が好きになる

隠岐の深め方
More about Oki

古くは遠流の地として歴史に登場し、江戸時代には北前船でにぎわった隠岐。

独特な文化が生まれたヒントは、島の地理にあった。

ちょっぴり深掘りして旅をより楽しいものに。

日本海に浮かぶ豊かな島

隠岐の地理と産業

約600万年前の
火山噴火でできた島

　隠岐はかつて、ユーラシア大陸の一部だった。2600万年前からの地溝帯運動で日本列島は大陸から切り離され南東へ移動。長い間海の底にあった隠岐は約600万年前の火山活動によって隆起。現在の隠岐の原型が形成された。

　そのような隠岐の歴史を物語ってくれるのが、隠岐で見られる岩石だ。約2億5000万年前にできたとされる「隠岐片麻岩」や、隠岐以外ではめったに見られない白っぽい色が特徴の「アルカリ流紋岩」は、火山の噴火時期や火山活動の歴史、地下岩石の種類などをわれわれに教えてくれる。アルカリ流紋岩は隠岐島後の海岸風景を形成しており、フェリーやかっぱ遊覧船（→P.52）から見ることができる。

浸食によって造り出された
ダイナミックな景観

　隠岐諸島の見どころは何といっても、長い年月の浸食によって造り出された独特の景観だ。日本海の荒波を強く受ける北西側の海岸には、国賀の摩天崖（→P.74）、白島海岸（→P.70）などスケールの大きな海食崖がある。また海岸には波に削られぽっかり穴の空いた海食洞が点在する。その代表格が明暗の岩屋だ（→P.76）。遊覧船に乗って間近まで行き、自然の作り上げた造形美を堪能しよう。海食洞の一部が崩れると、崖の側面に穴が空いたアーチとなる。この代表格が通天橋（→P.84）だ。

　また島後を代表する奇岩、ローソク島（→P.54）は海食洞の屋根が崩れ落ちたもの。一つひとつの絶景も、成り立ちを知るとよりいっそう興味がもてるはずだ。

北前船でおおいに栄えた
西郷の町

　東西に深い入江をもつ天然の良港、西郷港。17世紀後半から明治時代まで、北海道や北陸地方から大阪に向けて米や魚を運ぶ北前船の「風待ち港」となったことでおおいに栄えた。多い日には1日120隻の船が入港し、1000人を超える船乗りたちが西郷の町に繰り出したといわれ、町には映画館やダンスホールなどが立ち並んでいたという。都会の喧騒を逃れて避暑に訪れたラフカディオ・ハーンは、活気にあふれた町にがっかりしたという話も。こうした状況下で、船乗りと島娘が恋に落ちるのが世の常だ。娘たちは船乗りが再び海に出て行けないように、「海よ荒れろ」と西郷の清久寺の不動権現に自らの草履を供え願掛けをした、という切ない話も残る。

白い岩肌はアルカリ流紋岩という岩石で、島後の南〜西〜北側の海岸近くで見られる

知夫村の南西部に位置する赤壁は国の名勝天然記念物に指定されている

西郷の八尾川沿いに係留される船。かつてはここにずらりと船が並んだ

隠岐を支える産業

漁業
暖流と寒流が出合う豊穣の海

　栄養豊富な対馬海流の恵みでさまざまな魚がとれる隠岐。イカを機械でくるくる回転させ、乾燥する風景は隠岐の風物詩だ。最近では岩ガキが注目されている。マガキとは異なり3〜6月が旬だ。

畜産業
全国のブランド牛となる子牛を育てる

　隠岐各地でのんびり草を食んでいる牛たちは肉用牛。海風の吹き抜ける広々とした土地で育つ牛たちは、足腰が強く健康で、上質な肉となる。大半は競りにかけられ神戸牛や松阪牛となるが一部は隠岐牛となる。

酒造業
島で愛される名酒を製造

　現在酒造所は、隠岐の島町の隠岐酒造株式会社のみ。昭和47年に、高正宗、初桜、沖鶴、菊水、御所の5つの醸造元が合併して生まれた。名水で仕込む酒が、隠岐の料理とベストマッチ。

西郷の八尾川沿いや漁村で見られるイカが回転しながら干される光景

隠岐の島全体で約2000頭の牛が育てられている

醸造する酒の約8割が島で消費される

VOICE　かつては隠岐馬と呼ばれる隠岐在来種がいた。体高は1.2m程度と小型だが力は強く田畑を耕したり運搬に役立っていた。明治時代外国種の馬が入ってきて交雑化が進み、さらに「馬政計画」で雄はすべて去勢され、昭和20年代には絶滅してしまった。

約600万年前の火山活動によって生まれた隠岐。
海流に恵まれた島は古くは北前船でにぎわい、
現在は独特の景観やグルメ、島が育んできた文化に注目が集まっている。

Geography of Oki

移住者を積極的に招き再び島の活気を取り戻す

　地方で問題になっている過疎化は、隠岐でも深刻だ。1970年には3万1214人だった人口も40年で3割減の2万1657人に。そんな状況に歯止めをかけるため、自治体はさまざまな取り組みを行っている。ひとつは移住者の誘致。そしてもうひとつは島自体のブランド力のアップだ。特に積極的なのは海士町。当時の町長自ら給与を50%カット、公務員の給与水準を全国最低レベルにまで落とし、捻出した資金で鮮度を保ったまま冷凍できる技術「CAS」を導入。また教育改革を行い、島内進学率を高めただけでなく、県外からも生徒を募りハイレベルな教育環境を整えた。そんな島に魅せられた人が集まってくる。これからの隠岐の発展が楽しみだ。

CASのおかげで隠岐の魚介類が遠方でも味わえるようになり知名度がアップした

隠岐とギリシア・サントリーニ島の意外な共通点

世界でも稀少な島前カルデラ

　カルデラとはスペイン語で釜、鍋という意味。日本では阿蘇や洞爺湖が有名だ。実はあまり知られていないけれども、島前3島（西ノ島町、海士町、知夫村）もカルデラ。今から約600万年前、島前で大爆発が起こり、火山体が形成された。マグマが大量に噴出し、地底の空洞部分が陥没、大規模な窪地となる。540万年前、カルデラの中央部に中央火口丘が形成された。実は、ここが現在の西ノ島の焼火山の場所だ。浸食によって窪地には海水が入り込み、この部分は海に。現在地上に見えている島の部分は巨大な外輪山なのだ。島前カルデラは日本地質百選に選定されている。

エーゲ海のサントリーニ島もカルデラ湾だ。世界的にみてもとても珍しい

島前カルデラは阿蘇よりひとまわり小さな外輪山だ

観光業

自然、絶景、文化が絡み合う島

　これまでも摩天崖やローソク島など、その絶景を求めて訪れる人は多かったが、ユネスコ世界ジオパークに認定され、その歴史や文化、生態系があらためて注目された。国内だけでなく海外からも旅行者が訪れる。

島後を代表する絶景、ローソク島。ともったときの感動はひとしお

火山島に生きる人の知恵「牧畑」

　特に島前は火山島のため平地が少なく、表土が薄く土地がやせている。その土地でなんとか作物を実らせようと知恵を絞った結果生まれたのが「牧畑」と呼ばれる四圃式農業。土地を区分けし石垣で囲み、4年のサイクルで麦や小豆、アワ、ヒエを順番に栽培。休耕地には牛や馬を放牧し、排泄物を堆肥とし、作物を育てた。ヨーロッパで行われていた三圃式農業に似ているところが興味深い。現在も知夫村の赤ハゲ山展望台付近に石垣が残る。山頂付近まで積まれた石垣に、当時の人々の苦労を垣間見ることができる。

石垣は「アイガキ」「ミョウガキ」などと呼ばれた

VOICE　隠岐の島町の中村地区に世間桜（よのなかざくら）と呼ばれる2本の桜がある。樹齢600年を超える2本の桜は男桜、女桜と呼ばれこの桜の咲き具合でその年の作柄の豊凶がわかることから、「世の中知らせ桜」といわれ、それが世間桜に転じたそう。

105

遠流の地から北前船でにぎわう中世、ジオパークで注目を集める現在まで

隠岐の歴史

縄文時代 前期		西ノ島の美田の遺跡が作られる。※土器や矢じりが出土。
古墳時代 後期		平神社古墳（隠岐の島町）、高津久横穴墓群（知夫村）が建造される。
飛鳥時代	646年	隠岐の黒曜石が各地に伝わる。
	659年	隠岐駅鈴2個と隠岐国倉印が西郷町の玉若酢命神社におかれる。
	702年	出雲大社の造営が開始される。
奈良時代	724年	聖武天皇により、隠岐が遠流の地とされる。
	729年	隠岐国郡稲帳が作られる。
	733年	『出雲国風土記』が完成。
平安時代	763年	渤海から帰国する日本使節・平群虫麻呂一行が隠岐に漂着する。
	792年	出雲国に100人、石見・隠岐に各30人の健児（兵士軍団）がおかれる。
	825年	渤海使高承祖ら103人が隠岐を訪れる。
	838年	歌人、小野篁が隠岐に流される。
	842年	承和の変により伴健岑が隠岐に流される。
	861年	渤海使105人隠岐を訪れる。
	869年	警備強化のため隠岐に弩師（弓の軍事教官）がおかれる。
	870年	出雲、石見、隠岐に新羅に対する警備を固めるよう命令が出る。
	888年	新羅国人35人が隠岐に漂着。
	943年	新羅船7隻が隠岐に漂着。
鎌倉時代	1193年	佐々木定綱が、近江・石見・長門、隠岐の守護となる。
	1221年	後鳥羽天皇、承久の乱により海士に配流。
	1239年	隠岐苅田郷の行在所にて後鳥羽天皇崩御。
	1332年	後醍醐天皇が元弘の変により隠岐に流される。
南北朝時代	1333年	後醍醐天皇、隠岐を脱出。
	1392年	京極高詮が隠岐守護に補佐される。
室町時代	1458年	玉若酢命神社、台風により甚大な被害を受ける。
	1467年	応仁の乱が起こり、出雲隠岐守護京極持清は東軍、石見守護大内義弘は西軍となる。
安土桃山時代	1600年	堀尾吉晴が出雲・隠岐の国主となる。

原始～古代
古代の隠岐は文化の中継地点

古墳時代には島前・島後を合わせて300基以上の古墳が築かれた。また、西ノ島町からは朝鮮半島南部産の土器が、隠岐の島町からは中国から伝わったと考えられる銅碗が出土しており、古代の隠岐は、日本海を隔てて朝鮮半島や大陸との間で交易があったと考えられている。また隠岐で採掘された黒曜石は新潟県や四国で発見されている。当時の人々が高い航海技術をもっていたことがわかる。

玉若酢命神社の裏手に古墳群がある

中世
遠流の地として貴人とともに文化も生まれる

724年、聖武天皇の時代に遠流の地として定められた隠岐。当初は小野篁や後鳥羽天皇、後醍醐天皇など、高貴な人々が流されてきたが、江戸時代中期になると一般人の罪人も流されるようになる。流された貴人を慰めるために牛突きや、銘菓白浪が生まれ、隠岐独自の文化を育んでいった。

銘菓「白浪」や牛突きは流人のために生まれた

VOICE 西郷周辺の八尾川にかかる八田橋付近の月無遺跡からは弥生時代前期～古墳時代初期の土器・石器などが出土した。また6世紀末頃に作られた国府原古墳群も発見され、権力の強い支配者がいたことがうかがえる。

流人の島としてたびたび歴史に登場する隠岐。
海上の交通の要所として栄えた中世を経て、
世界ジオパークに認定されるまでの歴史をひもとく。

江戸時代

- **1634年** 室町時代の隠岐・出雲の守護家の子孫である京極忠高が国主となる。
- **1638年** 松平直政が出雲に入り隠岐・出雲は松江藩の預かり地となる。
- **1673年** 西ノ島に焼火神社（拝殿）が建造される。
- **1687年** 松江藩、隠岐を幕府に返上。隠岐は大森代官管轄下におかれる。
- **1696年** 江戸幕府が竹島渡航を禁じる。
- **1719年** 隠岐布施村の藤野孫一が植林事業に着手。
- **1720年** 隠岐国、再び松江藩の預かりとなる。
- **1800年頃** 西郷港が北前船の風待ち、補給港としてにぎわう。
- **1836年** 現隠岐の島町東郷に代々庄屋職である佐々木家の住宅が建つ。
- **1849年** 隠岐に異国船が来航する。

明治時代

- **1868年** 隠岐騒動が起こり、81日間の自治政府が生まれる。
- **1869年** 隠岐に廃仏毀釈運動起こる。
- **1876年** 隠岐が島根県の所属として落ち着く。
- **1892年** ラフカディオ・ハーン（小泉八雲）が松江に英語教師として赴任。隠岐を訪れる。

昭和時代

- **1963年** 三瓶山、島根半島、隠岐島が国立公園に指定される。
- **1965年** 隠岐空港開設。
- **1969年** 知夫・海士、周吉、隠岐4郡が合併して隠岐郡となる。

平成時代

- **1993年** 隠岐航路に超高速船就航。1時間短縮される。
- **2004年** 西郷町、布施村、五箇村、都万村が合併して隠岐の島町が誕生。
- **2005年** 竹島の日が制定される。
- **2012年** 隠岐病院が新造される。
- **2013年** 隠岐ジオパークがジオパークに認定される。
- **2015年** 隠岐ジオパークがユネスコの正式プログラムとなる。

隠岐騒動
～81日間の自治国家～

幕末の動乱期、隠岐で尊皇攘夷の思想が広まり1868年3月19日、島後の島民3000人が武装決起。西郷の陣屋に詰めかけ、隠岐を治めていた松江藩の役人を追い出すことに成功した。武装決起といっても餞別に米、味噌、酒を贈ったという優しい革命。隠岐騒動は、パリ・コミューン樹立の3年前の出来事。世界に先がけた自治国家の樹立として、歴史に残っている。この自治政府は81日間続いた。

西郷の町なかに残る隠岐騒動の碑

駅鈴ってなに？

日本の古代律令時代に官吏の公務出張の際に朝廷より支給された鈴。官吏は鈴を鳴らして身分を証明した。現在日本で現存する駅鈴は玉若酢命神社にある2個のみといわれており、神社に併設する宝物殿で見ることができる。

駅鈴は国の重要文化財に指定されている

近世
風待ち港としてにぎわう西郷

江戸時代に入ると、隠岐は北海道や東北から大坂へ米や酒を運ぶ北前船のルートに重なり、西郷はおおいににぎわう。西郷湾には多くの船が来港し、全国各地の民謡が運ばれた。各地の民謡をミックスした「隠岐しげさ節」や「どっさり節」はその代表格。幕末には隠岐騒動が起こり81日間の自治国家を樹立する。

かつては西郷港に年間2000隻もの船が入港した

現代
地理、歴史、生物が複雑に絡み合う風土に注目

2013年、隠岐の特異な自然環境、歴史、生態系の貴重さが認められ、隠岐はジオパークに認定された。島前のダイナミックな断崖絶壁の絶景はもちろん、島後の牛突き、古典相撲、島前神楽などの多様な文化にも注目が集まっている。移住者の受け入れについても積極的。新たな文化が生まれつつある。

知れば知るほどつながりが見えてきておもしろい

VOICE　隠岐では壁材などに使われる珪藻土が取れる。昭和37年頃、それに目をつけた資産家の大塚氏が採掘を始めたが、複数の横穴式古墳が見つかったため国から採掘中止の通達が……。結局、大塚氏は国から3万円の保証金をもらい採掘地を諦めたという。

伝統行事やイベントに参加しよう

隠岐の祭り歳時記

1月	2月	3月	4月	5月	6月

島後（隠岐の島町）

牛突き大会 初場所

❖ 1月第2日曜

隠岐モーモードームで行われる牛突き。巨体の牛同士がぶつかり合う激しい攻防戦が見もの。

今津のとんど

❖ 1月15日

正月飾りをご神木に見立てたやぐらとともに燃やし無病息災を願う。厳寒の海に飛び込みご神木を奪い合う様子は勇壮だ。

東西2組に分かれた男たちがご神木を奪い合う

合図とともにご神木に葛を7巻半巻き付ける

7つの舞のうちのひとつ、龍王之舞

布施の山祭り

❖ 4月第1日曜（偶数年）

ご神木にかずらを帯締めして山神を鎮める大山神社の例祭。山から切り出した葛を担ぎ、神社までを練り歩く。

隠岐国分寺蓮華会舞

❖ 4月21日

平安時代から伝わる宮廷舞楽の流れを汲んだ伝統芸能。特設舞台で奉納公演が行われる。

しゃくなげ祭り

❖ 5月上旬

約1万本のオキシャクナゲが咲き誇る村上家隠岐しゃくなげ園で、各種イベントが催される。

水若酢神社 祭礼風流

❖ 5月3日（偶数年）

蓬莱山に見立てた山車を子供がひき、無病息災を願う神事。流鏑馬や獅子舞も奉納される。

隠岐しげさ踊り パレード

❖ 5月第2土曜

隠岐民謡の代表曲・しげさ節に合わせ、約1500人の団体が西郷港を踊り歩く。

玉若酢命神社 御霊会風流

❖ 6月5日

各地の氏神が神馬に乗って一堂に会す、馬入れ神事が有名。8頭の神馬が本殿目指し勢いよく駆け上がる。

隠岐の島 ウルトラマラソン

❖ 6月中旬

島の外周道路を利用したマラソンで、100kmと50kmのコースがある。島民との触れ合いも魅力。

島前（西ノ島町・海士町・知夫村）

夕日を見ながらカフェを楽しもう

後鳥羽天皇をたたえ「承久楽」が奉納される

恵比須祭（十日戎）

❖ 1月8〜10日（4年毎） ❖ 海士町ほか

大漁祈願や航海安全を願って各地で実施。神輿の練り歩きや墨つきを行う。

島開きを祝い、各種ステージで盛り上がる野だいこん祭り

国賀開きフェスタ

❖ 4月1〜30日 ❖ 西ノ島町

観光シーズンの幕開けを祝い、桜のライトアップや夕日カフェなどのイベントを開催する。

隠岐神社春季大祭

❖ 4月14日 ❖ 海士町

後鳥羽天皇が詠んだ和歌に独自の曲と振りをつけた舞い「承久楽」が奉納される。

お大師参り

❖ 旧暦3月21日 ❖ 海士町・知夫村

弘法大師の命日に島内の神社や寺堂、地蔵をまわり参拝する。各地区では参拝者をごちそうでもてなす。

隠岐島綱引き大会

❖ 4月上旬 ❖ 海士町

海士町民が白熱する一大行事。チームによっては大会2ヵ月前から練習を始めることも。

野だいこん祭り

❖ 4月下旬 ❖ 知夫村

島の玄関口の来居港フェリーターミナル裏側の駐車場を会場として、ステージイベントや屋台などでにぎわう。

とって隠岐ツーデーウオーク

❖ 5月下旬 ❖ 島前全島

隠岐の自然を堪能できる島歩きイベント。

完歩を目指して景勝地を歩き尽くそう

VoiCe 隠岐の島町の大山神社で行われる布施の山祭りでは、山から切り出した大きなかずらを担ぎ集落を練り歩き、その後ご神木の巨大な杉の木にかずらを7巻半巻き付ける。神の使いである大蛇も7巻半のとぐろを巻くといわれ、この数字は神を表したものだという。

隠岐の島々では今なお各地区に伝わる独特の伝統行事を見ることができる。
祭りについては以下でも詳しい情報が手に入るので合わせて確認を。

■隠岐ジオパーク推進機構　祭りカレンダー
URL www.oki-geopark.jp/festivals-calendar/kagura/

Festivals in Oki

7月　8月　9月　10月　11月　12月

島後（隠岐の島町）

拝殿に向かって参道を駆け上がる神馬

隠岐の島町 夏まつり
❖ 8月上旬
隠岐民謡からフラダンスまで、さまざまなステージイベントや屋台でにぎわう。

牛突き夏場所大会
❖ 8月15日
夏の風物詩的存在の牛突き。隠岐モーモードームで開催。

観光牛突きでは勝敗をつけず引き分けにする

八朔牛突き大会
❖ 9月上旬
壇鏡神社の例祭である八朔祭の奉納行事。島内で最も伝統がある牛突きだ。

ときには1時間にも及ぶ熱戦となる

一夜嶽牛突き大会
❖ 10月中旬
八朔祭の牛突きと並ぶ大きな大会。旧五箇村の一夜嶽神社の奉納行事。

隠岐武良祭風流
❖ 10月19日（奇数年）
元屋・中村・西村・湊の各地区が参加する島後3大祭りのひとつ。日神（ヤタガラス）と月神（白兎）の出会い神事を行う。

「陰陽胴」では化粧を施した若者が大太鼓の舞打を行う

島前（西ノ島町・海士町・知夫村）

焼火神社例大祭
❖ 7月23日（偶数年）　❖ 西ノ島町
古来より海上守護の信仰を集める神社の例祭で、約2時間にわたり島前神楽が舞われる。

天佐志比古命（一宮）神社例大祭
❖ 7月下旬（偶数年）　❖ 知夫村
境内の芝居小屋に島前神楽を奉納するほか、奉納演芸や子供歌舞伎も行われる。

由良比女神社例大祭
❖ 7月最終土・日曜（奇数年）　❖ 西ノ島町
島内で最大規模の祭り。船に神輿を乗せ、船上で神楽を舞いながら湾内を一周する。

子供も大人も楽しめる夏の風物詩

サザエのつかみ取り
❖ 8月上旬　❖ 知夫村
木佐根海岸で行われるサザエとり放題の贅沢なイベント。

知夫村花火大会
❖ 8月下旬　❖ 知夫村
真上を見上げるほどの近距離で約1500発の花火を楽しめる。

派手さを競い、年々大きくなったそうだ

シャーラ船送り
❖ 8月16日　❖ 西ノ島町
美田・浦郷両地区に残る盆行事で、供え物を乗せた3〜10mの大きな精霊船を海に流して先祖を送る。

キンニャモニャ祭り
❖ 8月第4土曜　❖ 海士町
海士町の民謡「キンニャモニャ」を踊る町最大のイベント。両手に持ったしゃもじを鳴らしながら約1000人が踊る。

しゃもじを手に参加してみてはいかが？

帝祭り
❖ 9月中旬〜下旬（偶数年）　❖ 西ノ島町
後醍醐天皇をしのび、黒木御所周辺を御本車行列が練り歩く。花火大会などのイベントも。

十方拝礼（しゅうはいら）・田楽の舞
❖ 9月中旬（奇数年）　❖ 西ノ島町
色鮮やかな衣装で舞う美田八幡宮に伝わる古式の田楽で、獅子舞・神の相撲とともに奉納される。

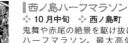
素朴ながらほかには見られない珍しい芸能だ

皆一奉納
❖ 旧暦8月15日　❖ 知夫村
豊作祈願の奉納踊り。扇子を手に人々が輪を作り、太鼓のリズムに合わせて踊る。

十方拝礼（しゅうはいら）・庭の舞
❖ 10月中旬（偶数年）　❖ 西ノ島町
日吉神社に奉納される田楽で、美田八幡宮の十方拝礼とともに国の重要無形民俗文化財に指定されている。

西ノ島ハーフマラソン
❖ 10月中旬　❖ 西ノ島町
鬼舞や赤尾の絶景を駆け抜けるハーフマラソン。最大高低差257mのハードコースに心して臨もう。

蛇（じゃ）巻き
❖ 11月28日　❖ 知夫村
無病息災・子孫繁栄を祈願し、島内各7地区で約12mの藁の蛇を作りご神木に巻き付ける。

隠岐神社秋季大祭
❖ 10月14日　❖ 海士町
春と同様、白と朱の衣装をまとった巫女が「承久楽」を舞う。島内の小学生による奉納相撲も見もの。

島の文化や人々に魅せられて
島暮らしをスタート

島に恋して

島の暮らしに息づく
「温かい関係性」こそ
未来社会の希望なんです

風と土と
阿部裕志さん

上／「風と土と」のオフィスがある旧家村上家の庭にて企業研修の様子 中／企業研修にて、島の農家の話を聞く 下／船が見えなくなるまでお客様を見送る

辺境の島だからこそ実現できる
社会課題への挑戦的アプローチ

　大学在学中にアウトドアや農業を通じて自然の雄大さ、命の尊さを学んだという阿部裕志さん。その後一般企業で働くも現代社会のあり方に疑問を感じ、一大決心の末、2008年に海士町に移住。同時に株式会社「巡の環」を起業した。

　目指すは人と人、人と自然のあたたかい関係性を軸とした持続可能な未来づくり。島民や理念に賛同する外部者と協力し合いながら未来志向の地域づくりや人材育成な

どの事業を手がけ、昨今脚光を浴びる海士町の先進的な取り組みの一翼を担ってきた。

　そして起業から10年を数えた2018年、新たな可能性（風）を現実（土）に、との思いを込めて社名を「風と土と」に変更。翌年には事業の新たな柱となる出版社「海士の風」も立ち上げた。

　「海士の上空に吹き渡る風のように、辺境から叡智を届ける出版社でありたい」

　掲げた理想には、地に足をつけた実践者ならではの言葉の重みがともなう。不確実性が増す未来を私たちはどう生きるか。その道標は遠く見上げた空の先にある。

Profile ＊ あべ ひろし
1978年、愛媛県生まれ。京都大学大学院（工学研究科）修了後、トヨタ自動車株式会社にエンジニアとして入社。2008年海士町へ移住し株式会社「巡の環」を起業。2018年、株式会社「風と土と」に社名変更。

VOICE 「海士の風」出版事業（http://amanokaze.jp）では、人と人、人と自然とのあたたかい関係性が大切にされる社会の実現に向けた、標（しるべ）となるような本を出版。全国の書店、Amazonで取り扱いがあるのでチェックしてみよう。

客人として土地と交わる旅とは異なる、移住という選択。その先に人は何を体験し、
考えたのだろうか？　島暮らしに魅力を感じたきっかけはさまざまでも、
島を愛する気持ちは皆同じだ。

Falling in Love　with Oki

島に恋して

いろんな土地で暮らしてきたけど
これからはこの島で
やっていこうと思っています

ムラーズファーム
フランク・ムラーさん

上／撮影の合間にもせっせと仕事をこなす　中／大工でもあるムラーさん。鶏舎も手作り　下／沿道には野菜と卵の無人販売所を設ける

すべてを自らの手でまかなう
自然農法を実践

　ドイツからスイス、オーストラリア、スペイン、そしてイギリス。各地を渡り歩いたフランク・ムラーさんが最後にたどり着いたのは、ほかでもない海士町だった。

　「妻の故郷である海士町に2015年に移住したんだ。ここは自然が豊かだし、僕に合ってると思う。まあ運命かな（笑）」

　ムラーズファームでは年間50〜60種の野菜の栽培と養鶏を手がけている。野菜はオーガニックで鶏は平飼い。鶏ふんは肥料に回し、野菜くずは鶏の餌になる。こうした自然な農法・飼育法に共感し、島内でもムラーズファームの野菜や卵を使用する飲食店が増えている。

　「もうほかの土地へ移るつもりはないよ。本州に行くだけでもフェリーで4時間もかかるし（笑）。それは冗談として、ここでやるべきことも、そして学ぶべきこともたっぷりあるからね」

　開墾作業にビニールハウス、豚の飼育も……。まるで夢を追う少年のように未来計画をまくし立てると、彼はまた野良仕事へと戻ってゆくのであった。

Profile ＊ ふらんく・むらー
1974年、ドイツ生まれ。イギリス、スイスなどでおもに大工として職歴を積んだ後2015年に海士町出身の妻とともに移住。有機栽培と養鶏を扱うムラーズファームを営む。
https://muellersfarm.org

voice　ムラーズファームに興味があるという人は、ウェブサイトをのぞいてみよう。取れたての野菜や卵を通販で購入することができる。
FacebookとInstagramはともに「Muller's Farm」で検索を。

111

ふくぎ茶

さくらの家

Sakura no Ie

1. さくらの家は障がいのある人たちの自立支援を行う福祉施設。熟練した入所者は皆無駄のない手つきで作業に当たる　2. 枝は太さごとに手選別する　3. 最終の検品作業。品質を左右する重要な工程だ

海産物が注目されがちな島みやげで、存在感を放つのがふくぎ茶だ。ふくぎとはクロモジのこと。煮出して傷口に塗ったり、飲用して胃腸の調子を整えたりと海士町民の間では昔から薬の代わりに重宝されてきた。

「苗からは育ちにくいため、山へ分け入って自生しているクロモジを収穫しています」と話すのは、ふくぎ茶を製造するさくらの家の所長の本多美智子さん。より幅広い人に届けたいと、枝と葉をブレンドすることで蒸らさずとも楽しめる商品を開発した。すっと鼻を抜けるさわやかな香りは「二日酔いの朝にもよく効く」との耳寄りな情報もアリ。

ユニークなデザインの外観。海士町役場に隣接する

さくらの家
☎ (08514)2-1502（9:00〜17:00、土・日曜、祝日を除く）※商品に関する問い合わせのみ

左／清涼感ある香りと色が特徴のふくぎ茶　右／ティーバッグタイプ15袋入り668円は「島じゃ常識商店」などで購入可

自生するふくぎ（クロモジ）の枝葉から生まれた島伝来のハーブティー

voice

爪楊枝の原材料として使用されることが多いクロモジ。その匂いは独特で、山に生育しているときから香りを放っているそう。春先に咲く黄色い花を手づみしたふくぎ花茶など、茶のラインアップは全4種。常に品薄のためチャンスを逃さぬよう。

今に伝えたい島の文化
隠岐の伝統芸能

Traditional   Culture

上／島前神楽には巫女舞があり、女性が踊る
のが特徴だ　右／最近は隠岐島前神楽保存会
が出演するイベントなどで観ることが可能

島前神楽

豊作や病気平癒を祈って
奉納される踊り

　島前には明治の初めまで、神楽を行う社家
が5家あった。明治に神社制度の改変があり、
神楽が廃止。知夫の石塚家のみとなり、雨
乞いや病気平癒、大漁祈願などを行ってい
た。しかし、それもやがて後継者が不足して
存続の危機に。そこで昭和50年代、島前の
島民たちが神楽の絶滅を防ぐべく神楽を習う
会を発足。伝統文化の継承に努めている。
　隠岐島前神楽の特徴は、舞台がとても狭く
8畳間という非常に狭い空間で披露されるこ
とだ。奏楽が一方の4畳間で演奏し、もう
一方の4畳間で舞人が踊る。非常に狭い場
所でいかに大きく、動作を雄壮にみせるかが
演技力を問われるところだ。現在はイベント
などで島前神楽を鑑賞することができる。

隠岐古典相撲

人情相撲といわれる
隠岐独特の神事

　隠岐の相撲は独特だ。まず、催されるのは
神社の遷宮や大規模な公共事業の完成など、
島の一大行事のときのみ。開催が決まると村
から優秀な若者が選抜され、夜ごと練習が
行われる。大会当日は朝から長い出陣式と儀
式があり、夕方に相撲が始まる。勝負は二番
勝負。最初に勝ったほうは、次の試合では負
けるというのがお約束。そのため人情相撲と
呼ばれている。夜を徹して行われた相撲が
終わるのは翌日の昼だ。
　土俵にも特徴があり、鏡餅のような三枚土
俵。柱は大会のたびに新調され、大会終了
時に大関、関脇の役力士に授与される（隠
岐古典相撲では横綱がいない）。これは大変
な名誉で、隠岐で玄関の上にこの柱が掲げ
られていたら、相撲の大関の家だ。

上／土俵入り。力士の数が多い場合は、これだけ
で2時間近くかかることもある。左／役力士に贈ら
れた柱。柱は大切に家に掲げる

voice　古典相撲に出場できる若者は、心・技・体とも優れているのが条件。選抜は慎重に行われる。さらに、大関・関脇・小結の役
力士に選ばれるのは地域への貢献度、将来指導者として期待できるか、役力士にふさわしい性格か、といった点まで考慮される。

島言葉

わかると旅が100倍楽しい！

隠岐弁とひと口に言ってもその種類は多様で、島前・島後はおろか、同じ島内でも地域ごとにアクセントが異なるほど。それゆえ地元の言葉への愛着はひとしおで、今でも郷土愛の深さを計る一種のバロメーターとなっている。

東

番付	標準語	島言葉
横綱	ありがとう	だんだん
大関	少ない・小さい	ちょんぼし
大関	本当かなあ?	ほんじゃらーか?
関脇	わくわく	じょんじょん
小結	我が家	わがとこ
小結	私	だ・ら
前頭	なんだって?	どげぇ?
前頭	眠れない	いねがつかん
前頭	赤ん坊	あっぱ
前頭	海に潜る	すんこむ
前頭	女の子	にょうばんこ
前頭	小心者	きもぼそ
前頭	引っ張れ・つかまれ	しゃばれ
前頭	くれ・ませぇ	ごせ
前頭	おしゃれ	しょれ
前頭	いたずらっ子	てなわず
前頭	転がる	まくれる
前頭	そうだけども	そーだいぞ
前頭	壊し	すめぐ
前頭	みっともない	みたんね
前頭	荒々しい	はばし
前頭	偉い偉い	いったいったい
前頭	じゃんけん	きっきよ
前頭	牛の糞	だごい
前頭	片付ける・仕舞う	とらげる
前頭	いい加減な事を言う	しゃべくれ
前頭	許してください	こらえな
前頭	嫉妬する	せける
前頭	灯	ひ
前頭	火	あかし

西

番付	標準語	島言葉
横綱	ようこそ	ござらっしゃい
大関	お元気ですか	まめなかの
大関	でかい、たくさん	がいな
大関	行こうよ	いかあや
関脇	寒い	こちける
小結	おどろいた	おっべた
小結	むちゃくちゃ	わや
前頭	混ぜっ返す	じゃじゃくる
前頭	運がいい	まんがいい
前頭	お前の	し
前頭	だらしがない	へいだらく
前頭	野菜畑	じゃんやま
前頭	赤熟の果実	あおばーず
前頭	要らぬお世話	せーろく
前頭	落ちる	ぼろける
前頭	ぎっしり	せんぎせんぎ
前頭	疲れる	こしがいる
前頭	夕方	ばんげ
前頭	帰れ	れいね
前頭	イカのロジー	ロジーくち
前頭	かわいそう	いたわしい
前頭	ちょっと寝る	つるっとする
前頭	ゆっくり	とっくり
前頭	相撲	すま
前頭	しんどい	せつない
前頭	壮牛	こてい
前頭	見なさい	みなさい
前頭	めいめいくらくら	みさっしゃい
前頭	つかれた	がめた・まぐれた

えーにょばだわ～ 美人ね

じょんじょんするっわ わくわくするよ

活イカ 活っちゃん（姉）

（弟）

コミュニケーションアプリのLINEに、「島根県隠岐の島ゆる隠岐弁」なるスタンプがあることをご存じだろうか？　隠岐弁とともに猫のイラストが描かれたほのぼのとしたスタンプだ。島で仲よくなった人に使ってみてはいかが？

旅行前に読んでおきたい
隠岐本 &映画セレクション

天皇や公家など日本史に名を残す著名な人物の遠流の地であった隠岐は、ロマンあふれる歴史小説の格好の舞台。また近年では海士町を中心とした未来志向の地域づくりにも注目が集まっている。

第19回 司馬遼太郎賞 受賞作

『狗賓童子の島(ぐひんどうじのしま)』 　歴史小説

飯嶋和一　著
小学館　1430円
大塩平八郎の乱に連座した父の罪により島後へ流刑となったひとりの少年が、島民と幕末の乱世を生きてゆく姿を描く。

情景が目に浮かびそう

『新編 日本の面影 II』　随筆

ラフカディオ・ハーン　著　池田雅之　訳
KADOKAWA　836円
深い洞察とともに明治期の日本各地の風景を描いたハーン（小泉八雲）文学選集。IIに「伯耆から隠岐へ」を収録。

『隠岐絶景』　写真集

佐々木俊和　著
今井出版　2200円
絶景の宝庫である隠岐諸島をドローンで空撮。鳥の目線となっての雄大な自然美を隅々まで味わい尽くす垂涎の一冊。

『海士人』　地域

COMMUNITY TRAVEL GUIDE
編集委員会　著
英治出版　880円
娯楽は少ないけれど、自然、人間関係、ゆったりとした時間がある海士町で、魅力的な生き方をする人々との出会いを描く。

『未来を変えた島の学校
　－隠岐島前発 ふるさと再興への挑戦』　地域

山内道雄・岩本悠・田中輝美　著
岩波書店　1870円
海士町の隠岐島前高校を一躍全国区に押し上げた地域密着型の教育改革。その当事者が語る「ふるさとの未来」とは。

『スギナの島留学日記』　地域

渡邊杉菜　著
岩波書店　880円
兵庫県育ちの女の子・スギナの隠岐島前高校への島留学体験記。みずみずしい筆致でつづられ、2年半の島暮らしで学び感じたことを追体験できる一冊。

豪志玄司も絶筆！

『僕たちは島で、
　未来を見ることにした』　地域

株式会社 巡の環（阿部裕志、信岡良亮）著
木楽舎　1980円
「この小さな離島から社会は変わる」。海士町で「まちづくり会社」の起業にいたったふたりのヨソモノの冒険起業物語。

主人公は西ノ島出身

『ラーゲリより愛を込めて』　映画

監督：瀬々敬久
発売元：TBS　販売元：TCエンタテインメント
DVD通常版　4620円（2023年7月7日発売）
第2次世界大戦後、シベリアの強制収容所（ラーゲリ）に勾留された山本幡男。死の淵で希望をともした男の半生を描く。
© 2022映画「ラーゲリより愛を込めて」製作委員会　© 1989 清水香子

旅の情報源！　お役立ちウェブサイト

▶ 隠岐の島旅　www.e-oki.net
　隠岐4島の観光情報をまとめて探すなら、まずはこちらをチェック。

▶ 隠岐の島観光協会　http://oki-dougo.info
　隠岐の島町の情報を網羅。観光タクシー会社の問い合わせ一覧も。

▶ 西ノ島町観光協会　https://nkk-oki.com
　西ノ島町の観光ツアー等の予約はこちらから。各種マップもダウンロード可。

▶ 海士の島旅　http://oki-ama.org
　海士町観光協会のウェブサイト。各種予約受付可能。

▶ 知夫里島観光協会　http://chibu.jp
　赤壁などの自然や歴史の詳解もあり、出発前に役立つ情報を多数掲載する。

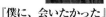

『僕に、会いたかった』　映画

監督：錦織良成　販売元：エイベックス・ピクチャーズ
DVD通常版　4180円
島前が舞台の、家族の絆と再生の物語。ある事故で記憶を失い葛藤する男と、島に暮らす人々との心の交流を描く。
© 2019「僕に、会いたかった」製作委員会

voice　「日本全県味巡り」島根編を収録する『美味しんぼ 109巻』では、隠岐の郷土料理も多数登場。アメフラシにクロモジ茶、クロエイの炊き込みご飯にサザエご飯の海苔巻……。隠岐の食を理解するのにぴったりの一冊だ。

隠岐
島人インタビュー 4
Islanders' Interview

ルーツの島だからこそ、
未来の世代にまで残るような
「豊かな暮らし」を実践したい

カフェスペースの奥にはギャラリーも設え、独自の感性で隠岐の魅力を発信している

Sailing Coffee **森山 勝心**（もりやま かつし）さん

松江の名店・CAFFE VITA の焙煎豆を使ったオリジナルブレンド。カップも松江の袖師窯によるオリジナル

父の郷里、
隠岐・西ノ島で紡ぐ縁

「父の郷里が西ノ島。だからこそ、僕にとってこの島でやることに意味があるんです」

離島でコーヒースタンドを営む理由を語るその口調に、森山勝心さんの決意の強さがにじみ出る。

大阪の商売人の母方の家庭で育った森山さん。幼少期の家族旅行といえば、祖父母の住む西ノ島への年に1度の帰省だった。「勝心のルーツは隠岐」。母方の祖父の言葉が、森山少年の心に自然とアイデンティティを芽生えさせた。

以来、西ノ島は特別な存在であり続けたが、同時に時代とともに素朴な暮らしぶりを喪失していく現実に違和感も覚えていた。ライフスタイルがテーマの大学の授業で「隠岐の新しい観光体験プラン」をプレゼンしたのは、その意味で必然だったとも言える。

そしてこの話には続きがある。担当教員から「隠岐へ行きたい」と望外の声を受け、実際に隠岐へアテンドしたのだ。彼の名は浜野安宏。後に森山さんを引き抜いた浜野総合研究所の代表である。

店づくりの軸に据えた
自身の考える生活の豊かさ

浜野氏は東急ハンズやQFRONTなどモノづくりからマチづくりまで手がける、日本を代表する総合プロデューサー。その彼にたたき込まれた思想と方法論は、今なお森山さんの揺るぎない核となっている。

「おもしろい街には映画館とカフェがある」――独立後に活動拠点としてSailing Coffeeを立ち上げる際、手引きにしたのはほかならぬ師の言葉だった。

とはいえ、「マチを盛り上げる」「隠岐の価値を高める」といった気負いとは無縁だと森山さんは念を押す。

「何より純粋に、隠岐にあったらいいなと自分で思える店でありたいんです。今まで浜野さんの下で本物を見てきましたし、中途半端なことはしたくない。その延長線上で自然発生的に価値が高まるのであれば、それでいいかなと」

いいものが残り、残るものが価値となる。一朝一夕に実現できないことだからこそ、日々の積み重ねがものを言う。未来は不断の"今"の選択の結果。ならば今できる最善を信じてやるまでだろう。

浦郷の旧道に面した店舗。閉店間際の窓明かりが夜の路地を照らしていた

Sailing Coffee（→P.27）

出発前にチェックしておきたい！

旅の基本情報
Basic Information

！

隠岐の旅に欠かせない基礎知識をご紹介。
島への行き方からシーズンや見どころなど
知っておくと便利なトピックスを集めました。

旅の基礎知識

島根半島の沖合約 50km に浮かぶ隠岐諸島。
島前、島後の有人島 4 島からなる個性あふれる島々の楽しみ方をご紹介。

PART 1 まずは隠岐について知ろう

ユニークな自然環境とそこに根づく文化を知る

◇ 島前３島、島後１島の
◇ 有人島を中心とした隠岐諸島

隠岐には有人島は全部で 4 島ある。島前と呼ばれるのは西ノ島（西ノ島町）、中ノ島（海士町）、知夫里島（知夫村）の 3 島で、島間は船で 5 〜 20 分ほど。島後は西郷を中心とするほぼ円形の島。島前と島後は高速船で 30 分、フェリーで 1 時間 20 分ほど。両方訪れるなら 2 泊以上がおすすめ。

隠岐の島町

島 前

島 後

西ノ島町
（西ノ島）

海士町
（中ノ島）

知夫村
（知夫里島）

◇ 太古の歴史を今に伝える
◇ 隠岐杉を訪ねて

島後（隠岐の島町）の見どころのひとつが巨大な杉だ。森に入ると凛とした空気を感じるのは、立派な杉が林立しているからだろう。そのなかで特に圧倒的な存在感を放つのが、岩倉の乳房杉、かぶら杉、八百杉、マドスギの島後四大杉だ。これらはいずれも樹齢 600 年を超

垂れ下がった根が乳房のように見える乳房杉

す巨木で、その姿からは威厳が漂う。島後ではその他にも北方と南方の植物が共存する特異な植生が見られる。ぜひ隠岐自然館（→ P.62）を訪れ自然について学んだあと、島を散策したい。

根元から 6 本の幹が分かれるかぶら杉

◇ 浸食や隆起によって生まれた
◇ 圧倒的な景観に感動

島前の見どころといえば圧倒的な自然景観だ。特に断崖絶壁や奇岩が連なる西ノ島の国賀海岸は島前のハイライト。摩天崖をハイキングしたり（→ P.74）観光船に乗って（→ P.76）その

浸食と崩落でできた巨大なアーチ、通天橋

景観を満喫しよう。知夫村には、赤や銅に輝く断崖赤壁や、島前の島々を見渡せる赤ハゲ山があり、ダイナミックな景色を堪能できる。海士町は、隠岐に配流された後鳥羽天皇にゆかりの深い土地だ。

知夫村の赤壁。高い所で 200 mにもなる

◇ 空港は島後のみ、
◇ 島間移動は船が活躍

隠岐唯一の空港は島後にある「隠岐世界ジオパーク空港」。出雲空港と伊丹空港からの飛行機が発着する。そのほかの島へは船で移動。本土側からは、島根県の

フェリーは本土と隠岐を結ぶ重要な交通手段

七類港と鳥取県の境港からフェリー、高速船がそれぞれ出ている。島前と島後の間の移動は高速船かフェリー、島前内の移動はフェリーと内航船という小型船が結ぶ。特に 4 島を巡る場合は、時刻表を読み込み、プランを立てることが必要となる。

2015 年「隠岐世界ジオパーク空港」との愛称に

VOICE 隠岐空港は昭和 43 年に開設し、昭和 54 年に滑走路を 1500 mに延長。平成 18 年に 2000mの滑走路を整備し、小型ジェット機も離発着可能になった。現在は伊丹空港と出雲空港を結ぶ便が発着する。

PART 2　隠岐旅行のノウハウ **Q** & **A**
旅行を快適にするためにおさえておきたいポイントを紹介

隠岐民謡は
キンニャモニャ

シーズンのノウハウ

Q. ベストシーズンはいつ？

A. 青い空と海を楽しむなら7～8月

　観光客でにぎわうのは4～11月。気候が安定し、海も青さを増す。一方で秋から春までは曇りの日が多い。冬場の積雪はそう多くないものの、風が強く海が荒れやすいので、フェリー、飛行機ともに欠航となることもある。

Q. 海で泳げるのはいつ？

A. 海水浴は7月中旬～8月下旬

　隠岐には海水浴場が多い。日本海側で海水温度は低いため、海で泳げるのは7月中旬～8月下旬だ。海水浴場がオープンするのもこの時期のみ。

Q. 服装の注意点は？

A. 夏でも羽織れる上着を1枚持参

　夏場は日差しが強いので、サングラスや日焼け止め、帽子は必携。遊覧船などの際は風が冷たく感じることもあるので羽織れる上着を1枚持っていると便利だ。秋～春は雨が多いので雨具を。冬は風が冷たく本格的な防寒具が必要だ。

遊び方のノウハウ

Q. 島に着いたらまずどこへ？

A. 観光協会で情報収集

観光案内所には島のあらゆる情報が揃う

　どの島もフェリーターミナル内かその近くに観光協会がある。観光協会は、現地ツアーを提案したり、レンタサイクルの貸し出しを行っていることも。まずは、観光協会で地図や最新情報を入手し、必要に応じて各種アクティビティの予約も済ませよう。

Q. 現地ツアーは予約が必要？

A. 来島前に予約を

　遊覧船や町歩きツアーは空いていれば当日でも参加可能だが、シーズン中はすぐに予約でいっぱいになる。旅行が決まったら予約をしよう。また山歩きやシーカヤックなども来島前に予約しておいたほうが安心だ。

Q. 牛突きを観戦するには？

A. 観光牛突きなら気軽に見られる

　伝統的な牛突きは年3回開催されるが、予定を合わせるのはなかなか難しい。隠岐の島町の「隠岐モーモードーム」では観光牛突きを行っており、観光客でも気軽に見られる。不定期開催。(→P.59)

目の前でぶつかり合う牛は大迫力

Q. コンビニはある？

A. 隠岐の島町と西ノ島町にはある

　隠岐の島町と西ノ島町に山崎製パン系列のコンビニ「Yショップ」がある。両島には大型スーパーもあり買い物には困らない。営業時間はいずれも20～21時まで。他島では地元商店の利用となるが、19時頃には閉店する。

中村の集落にある水原商店はなんでも屋

 10月後半に隠岐を旅しました。のんびりとしていてよかったです。ただしバスの便数が減っていたり営業しているお店が少なかったりでちょっと苦労することも。西郷なら町の飲食店で夕食を食べることができますが、他の島ならば夕食は宿でつけてもらったほうが安心かも。(兵庫県／ぺこさん)

レストランの ノウハウ

コリコリ食感が たまらない

島ではよく牛を見かけるが、島内で味わえる店は少ない

隠岐のサザエは栄養価たっぷり。さざえ丼やさざえカレーなどで味わって

Q. 隠岐で必ず食べたい料理は？

A. サザエや隠岐牛をどうぞ

海に囲まれた隠岐は魚介類の宝庫。特に貝類は種類豊富で、サザエを使った看板メニューを出す店も多い。また、数ある肥育牛のなかでも特に厳しい基準で選び抜かれた隠岐牛もぜひ味わいたい。隠岐牛は希少だが、海士町の「島生まれ島育ち 隠岐牛店（→ P.25）」などで味わうことができる。

Q. 飲食店は予約が必要？

A. 人気店は予約が安心

予約は必須ではないが、人気の店は島の人も訪れるので、特に金曜日の夜などは満席のことも。どうしても行きたい店ならば予約が安心だ。また、シーズンオフの島前の島々は夜営業の店が少ない。食べそびれることがないよう、事前に確認しておこう。

おみやげの ノウハウ

種類豊富な隠岐汽船グッズ

肉料理にぴったり！隠岐の食材を使ったハーブソルト

Q. どんなおみやげがある？

A. 島の食材や民芸品、隠岐汽船グッズも

近海でとれた魚やイカの一夜干しや、周囲の美しい海水から作ったミネラルたっぷりの塩、隠岐在住の作家が手がけた雑貨など各島の個性が光る。隠岐汽船の売店で売られているオリジナルグッズはひそかな人気商品だ。

宿泊のノウハウ

Q. どんなホテルがあるの？

A. 大型ホテルから民宿まで選択肢は豊富

どの島にもひとつは設備の整った大型ホテルがある。少々値段は張るが、快適に滞在するならこうしたホテルに泊まれば不自由ない。一方で昔ながらの民宿も島風情が感じられ、根強い人気がある。オンシーズンは予約でいっぱいになる。早めに予約しておこう。

設備の整った大型ホテルから民宿までさまざまな選択肢がある

島内交通のノウハウ

Q. 島でのおもな移動手段は？

A. 自由に動くならレンタカーを

島の公共交通機関はバス。しかし1日に数便しかなく、効率的に観光するには不向きだ。やはりいちばん融通が利くのはレンタカー。全島にレンタカー会社があり、空港やフェリーターミナル付近でレンタルできるので島ごとに事前に予約して活用しよう。

Q. レンタカー以外に交通手段はないの？

A. 数人集まれば観光タクシーがおすすめ

どの島にも観光タクシーがあり、さまざまなコースを組んでいる。タクシーの運転手は地元の地理や歴史に詳しく、いろいろと説明を聞きながら島を巡ることができる。

数人集まれば割安になるので積極的に利用したい。

島で活躍する観光タクシーは早めに予約を

Q. 島間の移動はフェリーだけ？

A. 島前の島間移動は内航船を活用

島前〜島後の移動はフェリーか高速船を利用する。島前の3つの島の間には、フェリーだけでなく、内航船という小型船が出ており気軽に移動できる。内航船は1区間300円。

車を乗せるときは「フェリーどうぜん」を利用しよう

観光タクシーは普通はあまり利用しないのですが、隠岐ではとっても便利で活用しました。運転手さんは島のことに詳しく、いろいろ解説しながら案内してくれます。レンタカーで回っていたらわからなかったことを知ることができて大満足でした。（東京都／くるみさん）

お金のノウハウ

Q. クレジットカードは使える？

A. 現金払いが主流

　大型ホテルや観光客向けの飲食店では使えるところもあるが、基本的に使えないと思っていい。現金は多めに持って行こう。

Q. ATM はある？

A. 地方銀行、ゆうちょの ATM がある

　フェリーターミナル近辺に、ゆうちょ銀行か山陰合同銀行のいずれかの ATM があり、提携金融機関のキャッシュカードが使える。

通信環境のノウハウ

Q. 携帯電話は通じる？

A. 居住エリアではほぼ大丈夫

　すべての島で、居住エリアならば docomo、au、SoftBank ともに使用可能。しかし居住エリアから離れると圏外になることがある。

Q. インターネットは使える？

A. 港や公共施設にフリースポットが

　観光協会周辺や、隠岐世界ジオパーク空港などの公共施設では無料の Wi-Fi が使える。また、最近は宿泊施設でも Wi-Fi を提供するところが増えている。

PART 3 気になる！旬の食材が知りたい！

豊富な隠岐の海の幸、最もおいしく食べられる旬が知りたい！

 隠岐の食材

サザエ
❖ 旬：7〜4月
　刺身、壺焼きだけでなくカレーや味噌汁などにも使われる隠岐の食卓に欠かせない貝。5〜6月のみ禁漁。

岩ガキ
❖ 旬：3〜6月
　海士町で養殖される手のひらサイズもある大きな岩ガキ「春香」。都会のオイスターバーでも人気を博す。

寒シマメ（スルメイカ）
❖ 旬：11〜3月
　旬の寒シマメは歯応えよくうま味たっぷり。刺身はもちろん、醤油で漬け込み、丼にしても絶品。干物はおみやげにも。

隠岐松葉ガニ
❖ 旬：11月下旬〜2月
　冬の味覚の王様。周辺の海域でとれる松葉ガニのなかでも700g以上のものが隠岐松葉ガニといわれ珍重されている。

 旬の食材カレンダー

🍚 おいしく食べられる旬

	食材	1	2	3	4	5	6	7	8	9	10	11	12
海産物	サザエ	🍚	🍚					🍚					🍚
	アワビ	🍚	🍚										
	岩ガキ			🍚	🍚	🍚							
	アゴ（トビウオ）					🍚	🍚						
	シイラ						🍚	🍚	🍚				
	カツオ									🍚	🍚		
	ベコ（アメフラシ）			🍚	🍚								
	ヒラマサ									🍚	🍚	🍚	
	グレ（メジナ）			🍚	🍚					🍚	🍚	🍚	🍚
	ソデイカ									🍚	🍚	🍚	🍚
	アオリイカ									🍚	🍚	🍚	
	寒シマメ（スルメイカ）	🍚	🍚										🍚

隠岐へは
フェリーか
飛行機で

隠岐へのアクセス

島根半島の沖合約50kmに位置する隠岐の島。
島前・島後からなる4島へは、飛行機かフェリーでアクセス!

✈ 飛行機でのアクセス

隠岐で唯一空港があるのは隠岐の島町（島後）

　隠岐の島町（島後）にある「隠岐世界ジオパーク空港」では、出雲空港および伊丹空港との間で直行便を運航する。出雲空港では羽田、伊丹、福岡、小牧、静岡、仙台に乗り継ぎ可能。隠岐空港～西郷中心部は空港連絡バスも接続する。ポートプラザ発空港行きは各便出発の50分前に出発。空港発便は各便の到着後、手荷物引き渡しが完了しバスの乗車客が揃い次第の発車となる。

🔗 日本航空 **URL** www.jal.co.jp
🔗 隠岐世界ジオパーク空港 **URL** www.oki-airport.jp

◆ 隠岐世界ジオパーク空港時刻表

出雲（3433便）	隠岐	隠岐（3434便）	出雲着	料金
9:00発	9:30着	10:00発	10:30着	通常片道1万5250円
伊丹（2331便）	隠岐	隠岐（2332便）	伊丹着	料金
11:35発	12:25着	13:00発	13:45着	通常片道2万7890円

※時期により変更になるのでウェブサイト等で確認のこと。

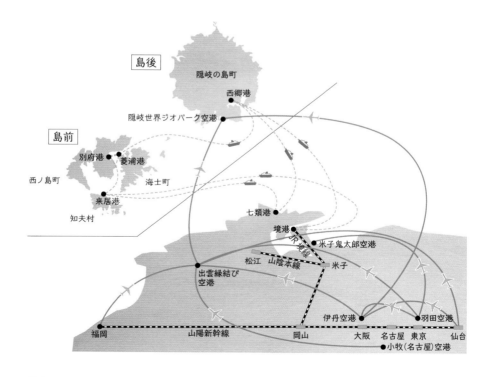

島後
隠岐の島町
西郷港
隠岐世界ジオパーク空港

島前
別府港　菱浦港
西ノ島町　海士町
来居港
知夫村

七類港
境港　JR境線　米子鬼太郎空港
松江　山陰本線　米子
出雲縁結び空港
山陰本線
伊丹空港　羽田空港
福岡　山陽新幹線　岡山　大阪　名古屋　東京　仙台
小牧（名古屋）空港

出雲空港～隠岐を結ぶのは小型のプロペラ機だ。おもに出雲空港からはサーブ340が飛んでいる。小型プロペラ機は、飛行機と自分が一体になったかのようなフライト感が楽しい。

フェリーでのアクセス

本土側の発着は七類港と境港の2ヵ所

島根県の七類港と鳥取県の境港から
フェリーと高速船が発着

　本土と隠岐は、フェリーと高速船が結んでいる。所要時間はフェリーなら約2時間30分、高速船なら約1時間。本土側の乗り場は、島根県の七類港、鳥取県の境港。それぞれから出発した船は、島前経由島後行きと、島後経由島前行きがあるので目的の島に先に着くフェリーに乗らないと、ずいぶん時間がかかってしまう。

旅情をたっぷり感じるフェリーでのんびり

フェリー「おき」「くにが」「しらしま」

　本土と隠岐を結ぶフェリーは3隻。いずれも定員800名ほどの大型船で、船により異なるが2等から特等室まで備える。車を持ち込むならフェリーで。

各港へのアクセス方法

▶七類港へ
　一畑バスがJR松江駅から七類港までフェリー・高速船の出発に合わせてバスを運行。料金1050円。出雲空港からはJR松江駅まで接続バス1050円で行き、乗り換えで。
　米子空港からは日ノ丸自動車が境港経由でバスを運行。米子空港〜七類港580円。

▶境港へ
　日ノ丸自動車が、米子空港、米子駅から境港へバスを運行。米子駅〜境港駅660円、米子空港〜境港390円。

📷 一畑バス　☎(0852)20-5205
📷 日ノ丸自動車　☎(0859)32-2123

◈ フェリー旅客運賃

	本土(七類・境港)〜隠岐	島前〜島後	別府〜菱浦	菱浦〜来居	来居〜別府
2等	3510円	1600円	410円	780円	780円
特2等	4520円	2120円	630円	1040円	1040円
1等	6360円	2910円	650円	1390円	1390円
特等	7930円	3630円	830円	1730円	1730円
特別室	8890円	4120円	1150円	2040円	2040円

◈ フェリー時刻表

フェリーおき

七類	西郷(島後)		菱浦(海士町)		別府(西ノ島町)		七類
9:00発	11:25着	12:05発	13:15着	15:15発	15:30着	15:45発	17:55着

フェリーくにが

七類	来居(知夫村)		別府(西ノ島町)		菱浦(海士町)		西郷(島後)		七類
9:30発	11:30着	11:35発	12:05着	12:20発	12:40着	12:50発	14:00着	15:10発	17:35着

フェリーしらしま

西郷(島後)	菱浦(海士町)		別府(西ノ島町)		来居(知夫村)		境港(鳥取)		別府(西ノ島町)		西郷
8:30発	9:40着	9:50発	10:05着	10:20発	10:50着	10:55発	13:20着	14:25発	17:05着	17:15発	18:30着

＊運航の一例。時期により変更になるのでウェブサイト等で確認のこと
📷 隠岐汽船株式会社　☎(08512)2-1122　**URL** www.oki-kisen.co.jp

高速の水中翼船で隠岐までわずか1時間！

高速船レインボージェット

　定員256名の高速船ならば隠岐まで約1時間で到着。運航中はシートベルトを着用する。

◈ 高速船旅客運賃

本土(七類・境港)〜隠岐	島前〜島後	別府〜菱浦	菱浦〜来居	来居〜別府
6680円	3050円	410円	—	—

◈ 高速船時刻表

別府(西/島)	菱浦(海士町)		西郷(島後)		境港		西郷(島後)		別府(西ノ島町)		七類		西郷(島後)		菱浦(海士町)		別府(西/島町)
7:40発	7:50着	7:54発	8:25着	8:35発	9:58着	12:00発	13:23着	13:30発	14:05着	14:12発	15:12着	16:50発	17:59着	18:05発	18:36着	18:39発	18:49着

＊運航の一例。時期により変更になるのでウェブサイト等で確認のこと
📷 隠岐汽船株式会社　☎(08512)2-1122　**URL** www.oki-kisen.co.jp

voice　1992年12月10日、七類港のそばの民家に、最大長25.2cm、重量6.38kgの隕石が落下した。美保関町はこれを記念して「メテオプラザ」を開館。隕石を展示するほか、温水プール、瞑想体験ができるリラクセーションルームなどを備えている。

隠岐諸島内の移動術

公共交通機関の少ない隠岐では、効率的に移動するためにレンタカーか、観光タクシーを手配するのがベスト。

島後

隠岐の島町

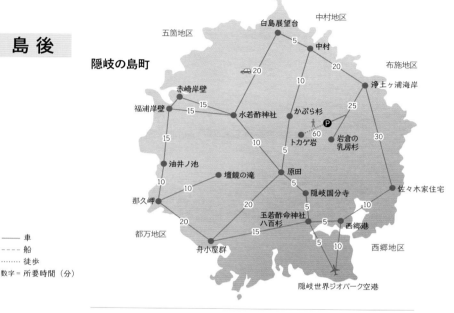

中村地区

五箇地区

白島展望台
中村 5
20
浄土ヶ浦海岸
布施地区

🚗20 10

赤崎岸壁
福浦岸壁 15
15
水若酢神社
かぶら杉 25 ⓟ
岩倉の乳房杉

15
10
トカゲ岩 60
30

油井ノ池
壇鏡の滝 10
原田
佐々木家住宅

那久岬
10 20
5
隠岐国分寺
10

20
玉若酢命神社
八百杉 15
5
西郷港
5
10
西郷地区

都万地区
舟小屋群

5 10

—— 車
--- 船
⋯⋯ 徒歩
数字 = 所要時間（分）

隠岐世界ジオパーク空港

島前

西ノ島町

別府港
菱浦港
明屋海岸

60
摩天崖
10
10
10 5
金光寺山

通天橋
浦郷港 10 20
10
隠岐神社 10 15

赤尾展望所 15
5
20
ⓟ 25
天川の水

20
30

20
焼火神社

10
30
海士町

鬼舞展望所

25

木路ヶ崎灯台

赤ハゲ山
来居港

15 20
天佐志比古命（一宮）神社

赤壁 20
10
島津島

知夫村

voice 各島のフェリーターミナル近くの観光案内所でレンタルできる、E-bike を活用した旅もおすすめ。受付時に返却時間を伝えて時間に応じた料金を先払いしよう。遠距離になる場合は予備のバッテリーも貸してもらえるので安心だ。身長が 159cm 以上で利用可能。

島後（隠岐の島町）

レンタカー

レンタカーは軽自動車からワゴンまで揃うが、繁忙期は出払ってしまうこともあるので早めに予約を。空港配車、宿や港での乗り捨てが可能な会社もある。

レンタカー info.

隠岐ドライブレンタカー	隠岐レンタ・リース
☎(08512)3-0220	☎(08512)2-3366
マリーナレンタカー	隠岐一畑レンタカー
☎(08512)2-1455	☎(08512)2-4800
	富士レンタリース
	☎(08512)2-7019

路線バス

ポートプラザ、隠岐病院を起点に都万、五箇、中村、布施方面に路線をもつが、各路線ともに1日数便しかない。片道はタクシーを組み合わせるのが現実的。
☎ 隠岐一畑交通　☎(08512)2-1281

観光タクシー

見どころが全島に点在している島後。見どころをコンパクトに収めた2時間コースから1周する6時間30分コースまで多彩。人数が集まれば割安になる。

タクシー info.

サンタクシー	西郷タクシー
☎(08512)2-1190	☎(08512)2-1390
おき観光タクシー	島タクシー
☎(08512)2-8020	☎(08512)2-1234
みなとタクシー	都万タクシー
☎(08512)2-1565	☎(08512)6-2018
吉田タクシー	中村タクシー
☎(08512)2-1230	☎(08512)4-0216

レンタサイクル

電動自転車、普通自転車、折りたたみ自転車、E-bikeを隠岐ジオゲートウェイ1階の観光案内所で貸し出している（有料）。
☎ 隠岐の島町観光協会　☎(08512)2-0787

島前（西ノ島町、海士町、知夫村）

内航船

島前3島間は、「いそかぜ」（1日13便）と「フェリーどうぜん」（1日8便）が運航（片道300円）。また内航船は本土行きの隠岐汽船とレインボージェット、フェリーと接続している。車を運ぶ場合は「フェリーどうぜん」を利用。料金は車＋運転手で片道1000円〜。
☎ 隠岐観光　☎(08514)7-8412

お得なチケットをcheck!　内航船乗り放題バス

西ノ島町、海士町、知夫村の3島を結ぶ内航船の乗り放題バスは、1日券600円、2日券1000円。購入は、島前各島の観光案内所で。

レンタカー

各島にはレンタカーがあるが台数が少ないため事前予約が安心だ。

レンタカー info.

▶ 西ノ島町	くにがレンタカー	☎(08514)7-8088
	どうぜんレンタカー	☎(08514)2-2292
	ACNレンタカー	☎ 080-6260-2456
▶ 海士町	海士町観光協会	☎ 050-1807-2689
▶ 知夫村	知夫里レンタカー（島守ちぶり）	
	☎ 090-5210-5026（予約専用）	

路線バス

西ノ島町は、別府と浦郷を結ぶ路線バスがある。一律200円で、ルート上はどこでも好きな場所で乗り降り可能。海士町は、菱浦港を中心に、明屋海岸まで行

く「豊田線」と、南端の崎港方面に行く「海士島線」がある。一律200円。知夫村の路線バスは平日のみ運行。一律100円。

路線バス info.

▶ 西ノ島町	西ノ島町観光定住課	☎(08514)6-1257
▶ 海士町	隠岐海士交通	☎(08514)2-0020
▶ 知夫村	ぐるーり知夫里島	☎ 090-2677-2211

観光タクシー

便利な観光タクシーは、豊富な知識をもった運転手さんの案内も楽しみ。レンタカーで巡るのとはまたひと味違う島内散策が楽しめる。要予約。

タクシー info.

▶ 西ノ島町	鏡谷タクシー	☎(08514)7-8321
	原交通	☎(08514)6-0056
▶ 海士町	隠岐海士交通	☎(08514)2-0020
	石塚タクシー	☎(08514)2-0727
▶ 知夫村	ぐるーり知夫里島	☎ 090-2677-2211

レンタサイクル

アップダウンが激しいとひと苦労だが、気ままに集落を巡るにはうってつけ。E-bikeも人気だ。

レンタサイクル info.

▶ 西ノ島町	西ノ島町観光協会	☎ 050-1807-2689
	電動自転車1時間500円〜、E-bike　3時間2400円〜	
▶ 海士町	海士町観光協会	☎ 050-1807-2689
	シティサイクル　3時間1200円〜、電動自転車3時間1200円〜、E-bike　3時間2600円〜（すべて保険料込）	
▶ 知夫村	知夫里島観光協会	☎ 050-1807-2689
	E-bike　3時間2600円〜（保険料込）	

VOICE　隠岐で出会った外国人観光客に、なぜ隠岐に来たのか問うと「ネットで神秘的な杉を見た」、「自然豊かなところに行きたかった」という答え。彼らは自転車で島を巡り、山を歩いて楽しむ。その姿にお手本とすべきところを感じる。

125

隠岐の観光案内所活用術

島の過ごし方、遊び方ならおまかせ！

隠岐に到着したら、まずは観光案内所で最新情報をゲット！
宿の予約やレンタカーの手配、各種アクティビティも予約してくれる。

隠岐の島町観光協会

MAP 折り込み③C3
住 隠岐ジオゲートウェイ1階
電 (08512)2-0787
時 8:00 〜 19:00
休 なし

西ノ島町観光協会

MAP P.83F1
住 別府港フェリーターミナル内
電 050-1807-2689
時 8:30〜17:30(季節により変動)
休 なし

海士町観光協会

MAP P.90D1
住 菱浦港フェリーターミナル内
電 050-1807-2689
時 7:40〜18:45(季節により変動)
休 なし

知夫里島観光協会

MAP P.99C2
住 来居港フェリーターミナル内
電 050-1807-2689
時 8:30 〜 17:00
休 なし

おもな宿泊リスト

島 後（隠岐の島町）

西郷

アイランドホテルしまじ **MAP** 折り込み③A3 **住** 隠岐の島町港町天神原80-22 **電** (08512)2-1569 **料** 素7900円〜、朝8500円、朝夕1万500円〜 **客室数** 22室 **URL** www.islandhotel-shimaji.com

隠岐シーサイドホテルMIYABI **MAP** P.61B2 **住** 隠岐の島町東郷宮尾14-1 **電** (08512)2-3350 **料** 素4950円〜、朝夕1万4500円〜 **客室数** 33室 **URL** https://miyabi52221-2.com

隠岐シーサイド岬 **MAP** P.61B2 **住** 隠岐の島町岬町高井28 **電** (08512)2-0033 **料** 素朝1万300円〜 **客室数** 14室

旅館 松浜 **MAP** 折り込み③A3 **住** 隠岐の島町港町塩口84 **電** (08512)2-0163 **料** 素5800円〜 **客室数** 11室

ホテル島 **MAP** 折り込み③C1 **住** 隠岐の島町中町目貫の三、31 **電** (08512)2-0481 **料** 素6000円、朝7000円、朝夕9000円 **客室数** 8室

旅館 竹の坊 **MAP** 折り込み③B3 **住** 隠岐の島町西町八尾の一、48-17 **電** (08512)2-0810 **料** 朝7700円〜 **客室数** 7室 **URL** https://takenobou-oki.com/

旅館 金峰荘 **MAP** P.61B2 **住** 隠岐の島町東郷神米62-2 **電** (08512)2-1427 **料** 素6600、朝7700円 **客室数** 12室

hotelのち **MAP** 折り込み③C2 **住** 隠岐の島町中町目貫の四9-6 **料** 朝8700円〜 **客室数** 7室 **URL** hotel-nochi.com

HOTELここ **MAP** 折り込み③B2 **住** 隠岐の島町西町八尾の一、7-1 **電** (08512)2-5500 **料** 素7000円〜、朝8000円〜 **客室数** 48室 **URL** www.hotel-coco.com

HOTEL B-Stone Garden **MAP** 折り込み②C4 **住** 隠岐の島町岬町漆谷2065-1 **電** (08512)3-1860 **料** 朝1万5800円〜 **客室数** 12室 **URL** bstonegarden.jp

民宿 喜兵衛 **MAP** P.61B2 **住** 隠岐の島町港町塩口84-71 **電** (08512)2-1831 **料** 素4800円 **客室数** 11室 **URL** https://kihee.jp/

民宿 作田屋 **MAP** P.61A2 **住** 隠岐の島町下西575-2 **電** (08512)2-1370 **料** 素4950円、朝6600円、朝夕8800円〜 **客室数** 15室

民宿 吉岡 **MAP** P.61B1 **住** 隠岐の島町城北町175 **電** (08512)2-3073 **料** 素6000円、朝7000円、朝夕8600円〜 **客室数** 5室

旬の宿 川秀 **MAP** 折り込み②B3 **住** 隠岐の島町原田1487 **電** 090-3747-6291 **料** 素3000円、朝夕6000円〜 **客室数** 3室 **URL** www.oideyo-shimane.jp/facility/1189

五箇・都万

ホテル海音里 **MAP** P.66A2 **住** 隠岐の島町南方1933-1 **電** (08512)5-3211 **料** 素6600円、朝7700円、朝夕1万3750円〜 **客室数** 11室 **URL** www.gokanosato.jp

五箇・都万

あいらんどパークホテル **MAP** 折り込み②B4 **住** 隠岐の島町津戸896 **電** (08512)6-2715 **料** 素6050円〜、朝7150円〜、朝夕1万3750円〜 **客室数** 14室 **URL** www.oki-hotels.com

島のひかりが彩なす海の宿 羽衣荘 **MAP** 折り込み②A4 **住** 隠岐の島町南方2213 **電** (08512)6-3232 **料** 朝夕1万7600円〜 **客室数** 12室 **URL** www.okiplaza-hagoromo.com

民宿 井の本 **MAP** P.66A2 **住** 隠岐の島町南方2003 **電** (08512)5-2082 **料** 素5000円、朝5500円、朝夕8000円 **客室数** 3室

民宿 味富 **MAP** P.66B2 **住** 隠岐の島町北方262-1 **電** (08512)5-3075 **料** 素5500円、朝6600円、朝夕8850円〜 **客室数** 5室

民宿 大岡 **MAP** P.66A2 **住** 隠岐の島町南方555-1 **電** (08512)5-2289 **料** 朝夕8500円 **客室数** 3室

中村・布施

民宿 砂川 **MAP** 折り込み②C2 **住** 隠岐の島町布施34 **電** (08512)7-4126 **料** 素4000円〜、朝5000円〜、朝夕7000円〜 **客室数** 4室

民宿 浜田屋 **MAP** P.69B2 **住** 隠岐の島町中村1434-6 **電** (08512)4-0033 **料** 素4000円〜、朝4500円〜、朝夕7700円〜 **客室数** 9室 **URL** http://hamadaya-oki.net

島 前

西ノ島町

民宿かふぇ春 **MAP** P.83F1 **住** 西ノ島町美田2174-1 **電** (08514)2-2062 **料** 素5500円、朝夕8500円 **客室数** 1室

旅館つかもと **MAP** P.82A1 **住** 西ノ島町美田3258-2 **電** (08514)6-0720 **料** 素5500円、朝6600円、朝夕9350円 **客室数** 9室

三力丸 **MAP** P.82A1 **住** 西ノ島町美田3432-2 **電** (08514)6-0758 **料** 素5500円、朝6050円、朝夕8800円 **客室数** 6室

鶴陽 **MAP** P.82D1 **住** 西ノ島町浦郷358 **電** (08514)6-0502 **料** 素5500円、朝6500円、朝夕9000円 **客室数** 4室

味好 **MAP** P.82C1 **住** 西ノ島町浦郷677-13 **電** (08514)6-1234 **料** 素5000円、朝5500円、朝夕8500円 **客室数** 4室

海士町

あざ美荘 **MAP** P.90D1 **住** 海士町福井1258-1 **電** (08514)2-1955 **料** 朝夕8000円 **客室数** 6室

民宿はまさき **MAP** P.91A1 **住** 海士町海士4379 **電** (08514)2-0606 **料** 素4000円、朝5000円、朝夕7600円 **客室数** 3室

知夫村

旅館一休 **MAP** P.99C2 **住** 知夫村1632 **電** 090-3659-7409 **料** 朝夕9000円 **客室数** 2室(1組限定・2名〜) **URL** www.oki19.com

民宿つるや **MAP** P.99C3 **住** 知夫村1009 **電** 090-7597-8644 **料** 朝夕9000円 **客室数** 1室(1組限定)

voice 近年、隠岐でも農業や漁業を手伝って島の暮らしを感じる、体験型の宿泊施設が人気だ。海士町では隠岐しぜんむらの自然観察やビーチコーミング、知夫里島では旅館一休などで、釣りや農作業体験ができる。

地球の歩き方
島旅 09　　隠　岐　3訂版

STAFF

Producer	梅崎愛莉
Editors & Writers	アトール（澄田直子）、永島岳志
Photographers	吉川昌志、永島岳志
Designer	坂部陽子（エメ龍夢）
Maps	千住大輔（アルト・ディークラフト）
Proofreading	ひらたちやこ
Printing Direction	夛田匡志

Special Thanks	取材協力・写真提供：(一社) 隠岐ジオパーク推進機構、(一社) 隠岐の島町観光協会、(一社) 西ノ島町観光協会、(一社) 海士町観光協会、知夫里島観光協会 ⓒ iStock

地球の歩き方 島旅 09　隠岐 3訂版
2023 年 6 月 6 日　初版第 1 刷発行

著 作 編 集	地球の歩き方編集室
発 行 人	新井邦弘
編 集 人	宮田崇
発 行 所	株式会社地球の歩き方 〒 141-8425　東京都品川区西五反田 2-11-8
発 売 元	株式会社Gakken 〒 141-8416　東京都品川区西五反田 2-11-8
印 刷 製 本	株式会社ダイヤモンド・グラフィック社

※本書は基本的に 2023 年 2 月の取材データに基づいて作られています。
　発行後に料金、営業時間、定休日などが変更になる場合がありますのでご了承ください。
　更新・訂正情報 ▶ https://book.arukikata.co.jp/support/

本書の内容について、ご意見・ご感想はこちらまで
〒 141-8425　東京都品川区西五反田 2-11-8
株式会社地球の歩き方
地球の歩き方サービスデスク「島旅　隠岐編」投稿係
URL ▶ https://www.arukikata.co.jp/guidebook/toukou.html
地球の歩き方ホームページ（海外・国内旅行の総合情報）
URL ▶ https://www.arukikata.co.jp/
ガイドブック『地球の歩き方』公式サイト
URL ▶ https://www.arukikata.co.jp/guidebook/

●この本に関する各種お問い合わせ先
・本の内容については、下記サイトのお問い合わせフォームよりお願いします。
　URL ▶ https://www.arukikata.co.jp/guidebook/contact.html
・広告については、下記サイトのお問い合わせフォームよりお願いします。
　URL ▶ https://www.arukikata.co.jp/ad_contact/
・在庫については　Tel ▶ 03-6431-1250（販売部）
・不良品（乱丁、落丁）については　Tel ▶ 0570-000577
　学研業務センター　〒 354-0045　埼玉県入間郡三芳町上富 279-1
・上記以外のお問い合わせは　Tel ▶ 0570-056-710（学研グループ総合案内）

島旅の思い出やおすすめを教えて！

読者プレゼント

ウェブアンケートにお答えいただいた方のなかから、毎月 1 名様に地球の歩き方オリジナルクオカード（500 円分）をプレゼントいたします。
詳しくは下記の二次元コードまたはウェブサイトをチェック！

https://www.arukikata.co.jp/guidebook/enq/shimatabi